INCREDIBLE INCAS
BY TERRY DEARY

Text Copyright © Terry Deary, 2000
Cover Illustration Copyright © Martin Brown, 2000
Inside Illustrations Copyright © Philip Reeve, 2000
Translation Copyright © Gimm-Young Publishers, Inc., 2003
All right reserved.

This Korean edition is published by arrangement with
Scholastic Ltd., London through Eric Yang Agency, Seoul.

잉카가 이크이크

1판 1쇄 인쇄 | 2003. 3. 26.
개정 1판 1쇄 발행 | 2019. 12. 5.

테리 디어리 글 | 마틴 브라운 · 필립 리브 그림 | 오숙은 옮김

발행처 김영사 | 발행인 고세규
등록번호 제 406-2003-036호 | 등록일자 1979. 5. 17.
주소 경기도 파주시 문발로 197(우-10881)
전화 마케팅부 031-955-3100 | 편집부 031-955-3113~20 | 팩스 031-955-3111

값은 표지에 있습니다.
ISBN 978-89-349-9888-4 74080
ISBN 978-89-349-9797-9 (세트)

좋은 독자가 좋은 책을 만듭니다. 김영사는 독자 여러분의 의견에 항상 귀 기울이고 있습니다.
독자의견전화 031-955-3139 | 전자우편 book@gimmyoung.com
홈페이지 www.gimmyoungjr.com | 어린이들의 책놀이터 cafe.naver.com/gimmyoungjr

이 책의 한국어판 저작권은 EYA(Eric Yang Agency)를 통한 Scholastic Limited사와의 독점
계약으로 ㈜김영사에 있습니다.
저작권법에 의해 한국 내에서 보호를 받는 저작물이므로 무단전재와 무단복제를 금합니다.

이 도서의 국립중앙도서관 출판시도서목록(CIP)은 서지정보유통지원시스템
홈페이지(http://seoji.nl.go.kr)와 국가자료공동목록시스템(http://www.nl.go.kr/kolisnet)에서
이용하실 수 있습니다. (CIP제어번호 : CIP2019031985)

어린이제품 안전특별법에 의한 표시사항

제품명 도서 제조년월일 2019년 12월 5일 제조사명 김영사 주소 10881 경기도 파주시 문발로 197
전화번호 031-955-3100 제조국명 대한민국 ⚠주의 책 모서리에 찍히거나 책장에 베이지 않게 조심하세요.

차례

생생한 역사 속으로	7
잉카 역사 훑어보기	10
역사에 남을 전설적인 왕들	13
못 말리는 황제들	28
희한한 계급	46
잉카인처럼 살아 본다면?	62
정복은 잔인하게!	79
화려한 궁전들	102
매력만점인 여러 신들	116
알쏭달쏭 잉카 퀴즈	136
잉카인들을 기억하며	143

생생한 역사 속으로

'역사'는 아주 끔찍한 과목일 수 있다. 왜냐하면 약한 자만 주로 괴롭히는 싸움꾼들이 득실대거든.

여러분도 그런 싸움꾼이 되어 마음대로 할 수 있다면, 인생이 신나고 즐겁겠지.

이런 상황일 때 여러분은 누구를 안됐다고 할까? 물론 피해자겠지! 그러나 역사는 그렇게 간단하지가 않다. 조만간 그 싸움꾼은 더욱 무서운 강적을 만나게 마련이기 때문이다. 새로 나타난 싸움꾼은 훨씬 근사한 무기를 가지고 있거든.

이제 여러분은 누가 불쌍하다고 생각하나? 새로 등장한 싸움꾼이 계속 괴롭히면 이전의 싸움꾼은 어떻게 할까? 항복하고 노예가 될까, 아니면 새로운 싸움꾼한테 맞설까?

잉카인들도 이와 비슷했다. 그들은 페루 곳곳에 나타나서 사람들을 숱하게 괴롭히면서 재물을 앗아 갔다. 그러나 에스파냐에서 온 침략자들이 그 잉카인들을 노예로 만들어 버렸다.

여러분은 누가 불쌍하다고 생각하는지?

솔직히 쉽게 답하기가 곤란한 질문이다. 바로 그래서 역사가 그렇게 힘든 과목인 거다. 물론 역사책에는 쉽게 답을 매길 수 있는 문제들만 나오지!

문제 : 에스파냐인들은 언제 페루에 왔을까?
답 : 1532년

하품이 나오는 문제지?!
 그렇지만 이 책은 생생한 역사책인 만큼, 정말 중요한 질문들을 파헤칠 것이다. 그러니까 교과서는 잠시 치워 두고, 무시무시한 잉카의 진실을 찾으러 떠나 보자!

잉카 역사 훑어보기

초기 역사 훑어보기

기원전 **11000**년 오늘날 '페루'라고 부르는 지역에 처음으로 사람들이 정착한다.

기원전 **1250**년 안데스 산맥 지역에 부족 사회가 형성되기 시작한다. 차빈(Chavin)족, 치무(Chimu)족, 나스카(Nazca)족, 티아우아나코(Tiahuanaco)족 등이 그들이다.

서기 **600**년 우아리 지역에서 온 민족이 약 200년 동안 서부 안데스를 지배하게 된다. 동시에 미라를 매장하는 풍습이 전파된다(시체를 땅에 묻지 않고 천으로 감싼다는 얘기다).

900년 우아리 민족이 사라지고, 사람들은 다시 여러 부족으로 갈라진다. 이들 중 대부분이 마을 하나 크기만한 작은 부족 국가를 이룬다.

1105년 이 무렵 최초의 잉카 군주인 신치 로카가 자신의 부족을 다스리기 시작한다. 그러나 부족의 힘은 그리 강하지 못했다.

1370년 치무족이 페루에서 가장 힘센 싸움꾼 노릇을 한다. 이들의 지도자는 찬찬에 사는 난첸 핑코이다. 치무족은 왕이 바뀔 때마다 궁전을 새로 지었는데, 옛 궁전은 왕이 죽은 후에도 계속 남겨 둔 것으로 보인다.

1438년 소규모의 잉카 부족이 급속도로 성장한다. 이 말은 곧 분쟁이 일어난다는 뜻. 그 후 50년에 걸쳐 잉카족은 다른 부족들을 모두 정복하고 지배하게 된다.

잉카 제국 훑어보기

1100년 잉카인들이 세력을 넓히기 시작해서 다른 민족을 정복한다. 아마 몇 년 동안 계속된 가뭄으로 식량이 부족해지자, 이곳 저곳 돌아다니며 식량을 훔쳤을 것이다.

1438년 창카(Chanca)족이 잉카인들을 공격한다. 그러나 실패로 끝났고, 이 때문에 잉카 제국에 내분이 일게 된다.

1492년 크리스토퍼 콜럼버스가 우연히 아메리카 대륙에 오게 된다. 얼마 후 남아메리카의 많은 민족을 정복하게 될 에스파냐 정복자들이 따라온다. 이들은 아직 잉카의 영토까지 가 본 적이 없지만… 이제 곧 그

렇게 될 것이다.

1525년 무서운 전염병이 잉카 제국의 본토를 휩쓸게 된다. 유럽에서 건너 온 홍역이나 천연두였던 것으로 보인다. 에스파냐인들은 아직 페루에 오지 않았지만, 그들의 세균이 먼저 들어온 것이다!

에스파냐인들이 도착했을 때 벌어진 사건들은 나중에 보기로 하자.

역사에 남을 전설적인 왕들

인간은 대체 어디에서 왔을까? 사람들은 사고력을 지닌 두뇌 세포를 가지게 된 후부터 이 문제로 고심해 왔다.
과학자들이 말하기를,

그 말이 맞을지도 모른다. 반면에 크리스트교인들의 얘기는,

그 말도 맞을지 모른다. 성서를 보면, 신이 자신의 형상을 본 떠 사람을 만들었다고 한다. 그리고 사람들 중에는 진짜 신을 닮은 사람들도 더러 있다. 안 그래? 그러나 잉카인들은 훨씬 더 그럴듯한 생각을 내놓았는데…

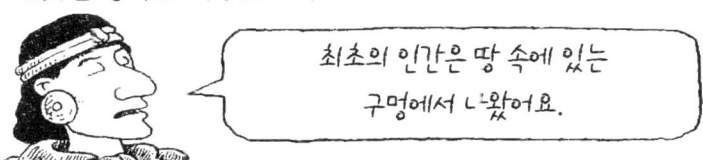

벌레처럼 말이지!

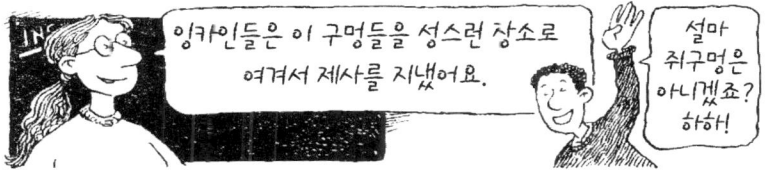

제 1대 왕 : 막강한 망코

파카리 탐푸(Paqari-tampu)에는 세 개의 동굴이 있다. 전해 오는 말에 따르면, 여기서 잉카의 초대 지도자인 망코 카파크(Manco Capac)가 처음 세상에 나왔다고 한다. 세 개 중 한 동굴에서 튀어나왔다고 하는데, 세 명의 남동생과 네 명의 누이들도 여기서 나왔다고 한다. 다른 동굴들에서도 열 명의 사람들이 나왔지만, 당연히 지도자는 잉카족이 되었다. 그리고 그들 모두는 안데스 산맥을 통과하는 대장정에 나섰다.

잉카의 전설에 따르면, 망코가 쿠스코(안데스에 있던 잉카족의 골짜기)의 8대 왕 중 초대 왕이라고 한다. 하지만 어느 누구도 8대 왕에 관한 이야기들 중 어디까지가 진실인지 알지 못한다. 중요한 것은 대부분의 잉카인들이 이 이야기를 믿었다는 사실이다.

제 2대 왕 : 신이 내린 신치

또다른 이야기에 따르면 망코 카파크가 죽을 당시 왕위를 이을 만한 자식들은 많았다고 한다. 그러나 잉카인들은 모두 신치 로카가 왕이 되는 걸 원했다. 그러나 신치가 여러 형들을 제치고 왕위에 오르는 건 생각할 수 없는 일이었다.

그럼 어떻게 왕이 됐냐고? 실은 그의 엄마가 약간 도와 주었지! 여러분은 우리나라의 대통령이 되고 싶다는 생각은 안 해 보셨는지? 엄마인 오클로가 아들 신치를 위해 꾸몄던 사건의 진상은 이렇다.

이 속임수가 통했는지, 신치 로카는 쿠스코의 새로운 왕이 되었다.

멋쟁이 신치

신치는 선왕 망코보다는 훨씬 평화적인 왕이었다. 사람을 살해하는 시간을 줄이는 대신, 발명하는 데에 많은 시간을 보냈다. 그렇다면 그가 발명한 것 중 최대의 작품은 뭘까? 그건 모든 사람이 한눈에 왕족임을 알아볼 수 있게 해 주는 것이었다.

그럼 신치의 신통한 발명품은?

a) 황금 왕관   b) 자주색 망토   c) 찰랑찰랑 헤어스타일

> **정답 : ㄷ**) 그렇다. 사치 금지 때문에 평민들은 특수한 신발을 신을 수 없었다. 그는 또한 귀를 뚫어 장식하기 시작했다.

★ 요건 몰랐을걸!

신치 로카는 죽은 후에도 새로운 유행을 퍼뜨렸다! 그는 잉카 통치자로서는 처음으로 미라가 된 것이다. 그의 시체가 얼마나 잘 보존되었는지, 죽은 지 200년이 지나도 쿠스코에 전시될 정도였다.

제 3대 왕 : 요지경 요케

3대 왕 요케 유판키(Lloque Yupanqui)는 망코에 비하면 꽤 온화한 사람이었다. 그는 비록 농부들한테 농지거리를 하거나 땅을 빼앗고 무자비하게 지배하지는 않았지만, 이런 사람으로 기억되고 있다.

영원히 잊지 못할 왼손잡이 왕

요케는 왼손잡이로 불렸다. 왜냐하면… 왼손잡이였으니까!

그런데 영원히 잊지 못할 거라니? 그거야 뭐, 요케를 한번 보면 절대 잊지 못할 거란 얘기지. 그의 얼굴이 계속 꿈에 나타날

테니까. 그는 누가 봐도 세상에서 가장 못생긴 사람이었어! 눈물 없이는 듣지 못하는 그의 서글픈 사연을 말해 주지.
- 사람들은 그를 보던 달아났다.
- 그의 첫째 부인은 그의 모습만 봐도 견딜 수 없어 했다.
- 그와 첫째 부인 사이엔 자식이 없었다.
- 그는 이웃 족장의 딸을 아내로 삼으라는 권유를 받았다. 그러나 그 여자도 그의 모습에 고개를 돌려 버렸다.
- 그 여자는 아버지에게 떠밀려 강제로 요케와 결혼했고 마이타 카파크(Mayta Capac)를 낳았다.

영원히 잊지 못할 만큼 못생겼다니. 여러분이 아는 사람 중에도 그런 사람이 있는지?

제 4대 왕 : 말썽 많은 마이타 카파크

쿠스코의 4대 통치자 마이타 카파크는 태어나는 순간부터 말썽꾸러기였다.
- 전설에 따르면 그는 출산 예정일보다 여섯 달 앞서 태어났다고 한다.
- 갓난아기인데도 힘이 셌으며, 날 때부터 이가 모두 나 있었다.
- 돌 무렵이 되자, 여덟 살 아이만큼 몸집이 커졌다(기저귀는 또 얼마나 컸을까!).

마이타는 14세기에 잉카 제국을 다스렸으며, 쿠스코 계곡 옆에 사는 부족들을 침략했다. 마이타가 그렇게 심술궂은 이웃이 된 것은 무엇 때문이었을까? 그건… 날씨 때문이었다!

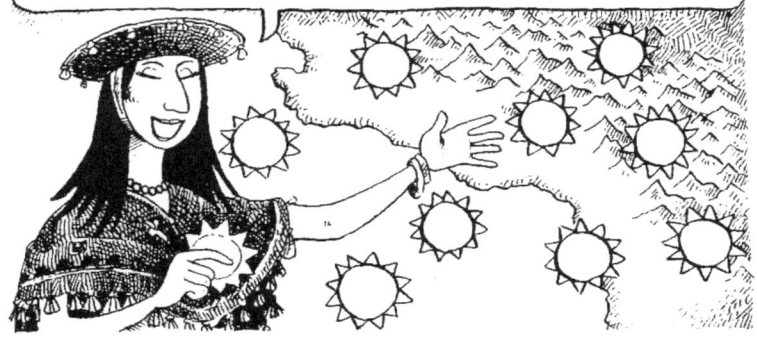

마이타는 배고프게 살 생각이 없었다. 그는 그저 백성들에게 전투 훈련을 시키고, 이들을 이끌고 원정 나가서 다른 부족의 물과 식량을 빼앗아 오면 그만이었다. 그는 망코 카파크 이후 가장 지독한 싸움꾼이 될 운명이었다.

뭐, 사실 그리 놀랄 일도 아니다. 전설에 따르면 소년 시절 마이타는 몸집이 크고 성질도 못돼서, 만나는 소년마다 붙잡고 싸움을 걸었다고 한다. (여러분 주변에도 이런 사람이 있겠지?) 그는 더 큰 소년들과 싸우는 걸 두려워하지 않았고, 그들을 흠씬 두들겨 주었다고 한다.

아직 소년이었던 그는 쿠스코 근처에서 농사짓는 농부 몇 명에게 싸움을 걸었다가 그들을 죽여 버렸다. 이 일로 그 농부의 부족이 반란을 일으켰고, 아버지는 그 일을 단속하느라 애를 먹었다.

결국 말썽꾸러기 마이타 카파크는 이웃 부족을 정복하고, 애써 가꾼 식량들을 공물로 갖다 바치게 만드는 탁월한 황제였다. 그러나 곧 마이타를 어른으로 만들어 줄 시간이 다가오고 있었다. 그는 전통적인 잉카의 성인식을 거쳐야 했던 것이다.

철부지 시절은 안녕

혹시 여러분 주변에 성년식을 앞둔 사람은 없는지? 그렇다면 스무 살 생일 파티 대신에 특별한 행사를 준비해 주면 어떨까? 바로 잉카 성인식을 말이다! 다음의 간단한 잉카 규칙을 따라 하면서 여러분의 언니, 오빠가 무사히 성인의 세계로 들어가는 걸 지켜보도록.

사나이 만들기
(소년을 어른으로 바꾸는 법)

준비물 : 라마 한 마리, 잘 드는 칼, 채찍, 달리기 트랙, 고무줄 새총, 방패, 딱딱한 나무 몽둥이(곤봉이라고 함), 구멍 뚫는 펀치, 허리 감는 천(큰 기저귀처럼 생긴 것), 그리고 가장 중요한… 소년 한 명!

1. 먼저 라마를 제물로 잡는다.
(몽둥이를 들고 라마 뒤로 몰래 다가간다. 라마를 때려죽인 뒤 가죽을 벗기고 고기를 굽는다.)

2. 구운 고기를 태양신에게 바친다.

3. 소년의 웃옷을 벗기고 채찍질한 다음, 소년에게도 자기 몸을 채찍질하게 한다. 몸 속에 있는 소년의 기운을 몰아 내기 위한 것이다.

4. 트랙을 도는 달리기 대회를 열어, 새로 탄생한 사나이가 다른 남자들보다 빨리 달릴 수 있다는 것을 보여 준다.

5. 새로 탄생한 사나이에게 무기를 준다. 새총과 방패, 나무 몽둥이를.
(몽둥이를 주기 전에 라마의 피를 깨끗이 닦을 것.) 

6. 새로 탄생한 사나이의 귀에 구멍을 뚫고 귀고리를 달아, 한눈에 그가 어른임을 알아보게 한다.

7. 새 이름을 지어 주고 허리 감는 천을 준다.

제 5대 왕 : 갈팡질팡 카파크

마이타 카파크는 아들 카파크 유판키(Capac Yupanqui)에게 쿠스코 왕위를 물려주었다. 그런 후 마이타는 숨을 거두었다. 왕들은 대부분 큰아들을 다음 왕으로 지명했다. 그런데 어린 카파크 유판키는 마이타의 큰아들이 아니었다. 카파크 유판키의 형한테 무슨 문제가 있었을까?

a) 너무 으둔했다

b) 너무 못생겼다.

c) 너무 상냥하고 온화했다.

정답 : b) 이 불쌍한 친구는 너무 못생겨서 뻔히 보이는 곳에서도 남의 눈에 띄지 않는 다. 그래서 왕이 되기에는 외모가 충분히 근엄하지 않았다. (옷도 유행이 한참 뒤지는 거다.)

카파크 유판키는 잉카인들이 처음 자리잡았던 쿠스코 계곡을 벗어나 외부 지역을 점령하기 시작한 최초의 왕이다. 그러나 쿠스코에서 고작 20킬로미터 정도 나갔을 뿐이다. 확실히 그는 여러분이 알고 있는 율리우스 카이사르나 알렉산더 대제 같은 사람은 아니었다.

★ 요건 몰랐을걸!

카파크 유판키는 '잊혀지지 않을 왕'으로 알려졌다. 불행히도 그의 통치에 관해서는 거의 알려진 것이 없다. 모두가 그에 대해선 잊어버린 모양이다!

제 6대 왕 : 다시 로카!

카파크 유판키의 아들 잉카 로카(Inca Roca)는 쿠스코에서 남동쪽으로 진출해 정복지를 더 넓혔다. 그러나 잉카인들이 아주 위대한 전사가 아니었음을 엿볼 수 있는 이야기가 전해지는데……

제 7대 왕 : 우와 우와 우아카크

아야르마카족의 볼모였던 야우아르 우아카크(Yahuar Huacac)는 아야르마카족의 생활을 아주 싫어할 수가 없었다. 왜냐하면 아야르마카족의 여자와 결혼했던 것이다! 그는 다른 여자들을 또 아내로 맞이했는데 별로 바람직한 일이 아니었다. 오늘날에는 아내를 두 명 이상 두면 벌을 받는다. 그런데 잉카 시대에 이런 일은 더욱 치명적이었다.

야우아르 우아카크가 선포하기를,

믿기 힘들겠지만, 결국 두 번째 아내는 첫 번째 아내의 둘째 아들을 살해하기 위해 음모를 꾸몄다.

이 사건이 일어난 뒤 얼마 후에 왕도 죽음을 맞았다.

제 8대 왕 : 비정상적인 비라코차

비라코차(Viracocha)는 15세기 초 무렵에 잉카를 다스렸던 것으로 보인다. 그는 '군주'란 지위에 만족하지 않고 스스로를 '창조주'라고 불렀다. (이건 교장 선생님이 스스로를 '교육부 장관'이라고 하는 것과 같은 거다. 약간 도가 지나친 짓이다.)

비정상적인 비라코차가 등장하기 전, 잉카인들은 다른 부족을 공격하여 정복한 후 다시 고향으로 돌아가곤 했다. 그런데 비라코차는 아예 정복지에 눌러앉고는 통치할 때가 되었다고 생각했다. 그는 우선 쿠스코 계곡 남쪽에 사는 아야르마카족을 정복하기도 했다. 그럼 무얼 했을까?

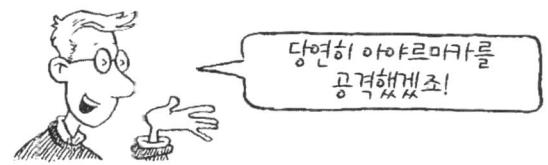

아니다! 잉카인들은 여러분보다 똑똑했다. 그래서 그들은 페루를 지배할 수 있었다. 여러분은 평생 걸려도 그런 일을 못 하겠지만 말이다. 그렇다. 잉카인들은 우루밤바를 공격했다! 그곳은 아야르마카 너머에 있는 계곡이었다.

작전은 성공했다. 아야르마카족은 어느 쪽과 싸우든 뒤통수를 공격당할 수밖에 없었다.

못 말리는 황제들

잉카의 8대 왕들이 통치했던 지역은 지금까지 쿠스코 계곡을 벗어나지 않았다. 여기서 끝났다면 여러분은 아마 잉카란 이름을 못 들어봤을 것이다. 그러나 그들은 점점 더 탐욕스러워졌다. 그들은 더 많은 땅, 더 많은 재산을 갖고 싶어했고, 더 많은 백성들을 혹사시키고 싶어했다. 그들은 계곡 하나, 심지어 하나의 국가로는 성에 차지 않았다. 그들은 커다란 제국을 원했다. 마침, 잉카의 다음 왕 파차쿠티는 그 일을 이룩하기에는 아주 적격이었다.

★ 요건 몰랐을걸!

파차쿠티란 그의 이름은 어떤 대규모 전투에서 승리한 뒤에 얻은 것이다. 파차쿠티는 '대격변', 다시 말해서 '지구를 흔드는 사람'이란 뜻이다.

파차쿠티의 편에 선 운명

잉카인들이 안데스 지역을 주무르는 과정에서 뭐든 뜻대로 된 것은 아니었다.

다른 부족, 즉 잉카 서쪽에 살던 창카족은 점점 세력을 키워 가고 있었다. 1438년 창카족이 먼저 공격해 왔다!

쿠스코 통치자의 아들, 파차쿠티 잉카 유판키(Pachacuti Inca Yupanqui)가 본거지인 쿠스코를 방어하는 동안, 그 아버지 비라코차는 또 다른 아들 우르콘(Urcon)을 데리고 좀더 안전한 칼카 근처의 요새로 떠났다. 이제 잉카인들의 나라는 파차쿠티의 나라와 비라코차의 나라로 나뉘진 것이다. 그러나 이런 상황은 오래가지 않았다. 비라코차가 죽었기 때문이다.

그리고 비라코차의 다른 아들 우르콘이 파차쿠티의 군대와 싸우다가 죽음을 맞았다.

이제 파차쿠티가 잉카를 짊어지게 되었다.

파차쿠티의 파렴치

파차쿠티는 운이 따른 덕분에 창카족을 물리쳤다. 창카족은 자신들이 모시는 신상을 전쟁터에 가지고 나왔는데, 파차쿠티의 전사들이 그 신상을 손에 넣은 것이다. 창카족 전사들은 겁을 먹고 달아나기 시작했고 결국 대학살을 당했다. 파차쿠티는 승리의 주역이었는데, 이 승리를 더욱 신비롭게 만들기 위해서 약간의 악의 없는 거짓말을 보탰다.

진실이 뭐냐고? 창카족이 달아날 때 산에 살던 수백 명의 잉카 지원 부대가 내려와서 적들을 공격했던 것이다. 창카족이 산에서 대학살을 당했다는 건 사실이다. 그러나 바위의 공격을 받은 건 아니었다!

테러 전술

많은 사람들이 파차쿠티의 허풍을 믿었다. 잉카의 적들은 겁을 먹었고, 잉카 전사들은 그런 적의 두려움을 최대한 이용했다. 이런 식으로 말이다.
1. 잉카 군대는 싸움터에 나갈 때 단상을 들고 가기 시작했다. 그리고 단상에 신성한 돌을 쌓아올렸다.

적들은 잉카 군대의 돌무더기를 보기만 해도 지레 겁을 먹고 달아났다!

2. 공포심을 더하기 위해, 잉카인들은 패배한 창카족 지도자들의 살가죽 안에 짚과 재를 채워 넣었다. 그들은 이 시체를 특별한 묘지의 돌 의자 위에 앉혀 놓았다. 그리고 시체의 팔을 굽혀 놓아서 바람이 불 때마다 손가락이 팽팽한 뱃가죽을 두드리게 해 놓았다. 북을 두드리듯 말이다! 그 메시지는 뻔한 것이었다.

3. 잉카 전사들은 싸움터에 나갈 때 소름끼치는 노래를 불렀다.

한 곡 불러 볼까? 만약 역사 선생님이 무서운 표정으로 방과후에 남으라고 하시면 이런 노래를 한번 불러 보도록.

물론 선생님의 해골로 치차(옥수수 술)를 마실 수는 없다! 치차는 맥주 비슷한 술이거든. 미성년자 음주로 물의를 일으키고 싶진 않겠지?

불안한 형제애

파차쿠티의 전사들은 천하무적 같았다. 문제는 파차쿠티의 동생 카파크 유판키가 이웃 부족을 침략하는 데에 재미를 봐서 점점 부자가 되고, 막강하고 인기 있는 장군이 되어 간다는 것이었다. 형 파차쿠티는 은근히 신경이 쓰였다.

그럼 어떻게 했을까? 글쎄, 잉카족에게 가훈 같은 게 있었다면 이런 거였겠지. '의심스러우면 없애 버려라!' 그래서 파차쿠티는 동생을 암살하였다. 잉카 황제의 형제가 된다는 건 평생이 보장되는 직장 같은 거지만, 안타깝게도 오래 살지 못하는 경우가 종종 있었다.

파차쿠티의 아들들은 북쪽과 남쪽으로 정복지를 넓히면서,

잉카 제국의 기반을 더욱 탄탄하게 다져 나갔다. 그제야 파차쿠티는 싸움을 접고 통치의 즐거움을 누릴 수 있었다.

파차쿠티와 후계자 토파

파차쿠티는 이제 변화가 필요한 때라고 생각했다. 그리고 변화를 꾀할 수 있는 권력을 가지고 있었다. 그는 숱한 싸움 끝에 아버지로부터 겨우 제위를 물려받았기 때문에, 자신이 죽을 때 그런 일이 되풀이되는 걸 바라지 않았다. 그래서 아들인 토파 잉카 유판키(Topa Inca Yupanqui)를 다음 황제로 지명하고 물러났다.

토파는 통치에 대해서만큼은 일가견이 있었다. 그는 아버지와 함께 훌륭한 새 법을 만들었다. 만약에 잉카인들이 글을 쓸 수 있었다면 아마 이런 법이 아니었을까?

잉카인들이 지켜야 할 잉카 십조

1. 쿠스코를 잉카 제국의 수도로 정한다. 쿠스코의 사크사우아만 요새는 세계 최강의 요새가 될 것이다.

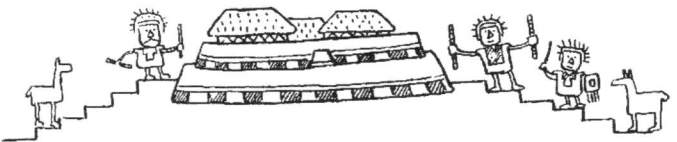

2. 백성들은 쿠스코 계곡의 농지를 개간하면서 일해야 한다. 땅을 고르고 강물을 끌어와서 가장 훌륭한 식량 생산지가 되도록 한다.

3. 죽은 황제의 땅은 황족들끼리 나누어 가진다. 새로운 황제는 자기만의 새 영토를 정복해야 한다.

4. 피정복지 주민들은 잉카 제국 곳곳에 흩어져 살면서 잉카인들을 위해 일하도록 한다. 그렇게 하면 힘이 분산되어 저항하지 못하게 될 것이다.

5. 정복당한 부족의 여자들은 선택받은 여자(케추아 아클라 쿠나)가 되어 잉카 신전에서 봉사하게 하거나 위대한 잉카 군인들과 결혼시킨다.

6. 피정복지 남자들 중 많은 병사를 선발해 잉카 군대에 복무하게 한다.

7. 모든 백성은 잉카의 신 비라코차를 섬겨야 한다. 거기에는 사제와 기도문, 신전을 두어야 한다. 피정복지 부족인들은 모두가 비라코차를 섬겨야 하며 사제에게 음식과 노동을 바쳐야 한다. (그러나 전통적인 종교를 계속 믿어도 된다.)

8. 황제는 누이와 결혼해도 되지만, 다른 남자는 누이와 결혼하면 안 된다.

9. 황제는 얼마든지 많은 아내를 둘 수 있지만, 다른 남자들은 안 된다. 총리는 50명, 보통 장관은 30명으로 제한하며 계급이 낮을수록 아내의 수도 적어야 한다.

10. 황제를 뵙고자 하는 사람은 누구든 신발을 벗어야 하며, 존경의 표시로 등짐을 지고 허리를 굽혀야 한다.

여러분이 잉카인들에게 정복당한다면 어떻게 될지 상상해 보라! 여러분이 사는 곳이 침략을 받았다면 이렇게 되지 않을까?
- 여러분은 친구들과 헤어지게 된다. 같이 얘기를 나누고 같은 축구팀을 응원했던 모든 친구들과 말이다.
- 여동생이나 누나와도 헤어진다. 이들은 멀리 있는 신전에 가서 일하거나 국민적인 영웅들과 강제로 결혼해야 한다. 실제로 여러 나라에 이런 역사가 있었다!
- 적을 먹여 살릴 식량을 생산하기 위해 뼈빠지게 강제 노동을 해야 한다. 죽 쒀서 개 준다는 말처럼.

- 침략자의 영토 중에서 말도 안 통하는 오지로 강제 이주되어 이상한 집에서 살아야 한다.
- 낯선 기도문을 외는 새로운 종교를 교육받고 강제로 새로운 신을 받들어야 한다. 이건 다른 축구팀이나 야구팀을 강제로 응원해야 하는 것과 같다.

그나마 다행인 것은 잉카인들이 여러분의 옛 종교를 믿는 건만큼은 허락할 거라는 사실이다. 잉카의 신도 같이 섬기면서 말이다.

선택받은 여자의 서글픔

여러분은 잉카의 '선택받은 여자'가 되고 싶은지? 어쩐지 좀

특별한 대접을 받을 것 같은가? 만약 잉카인들이 선택받은 여자를 모집하는 광고를 낸다면 이렇지 않을까.

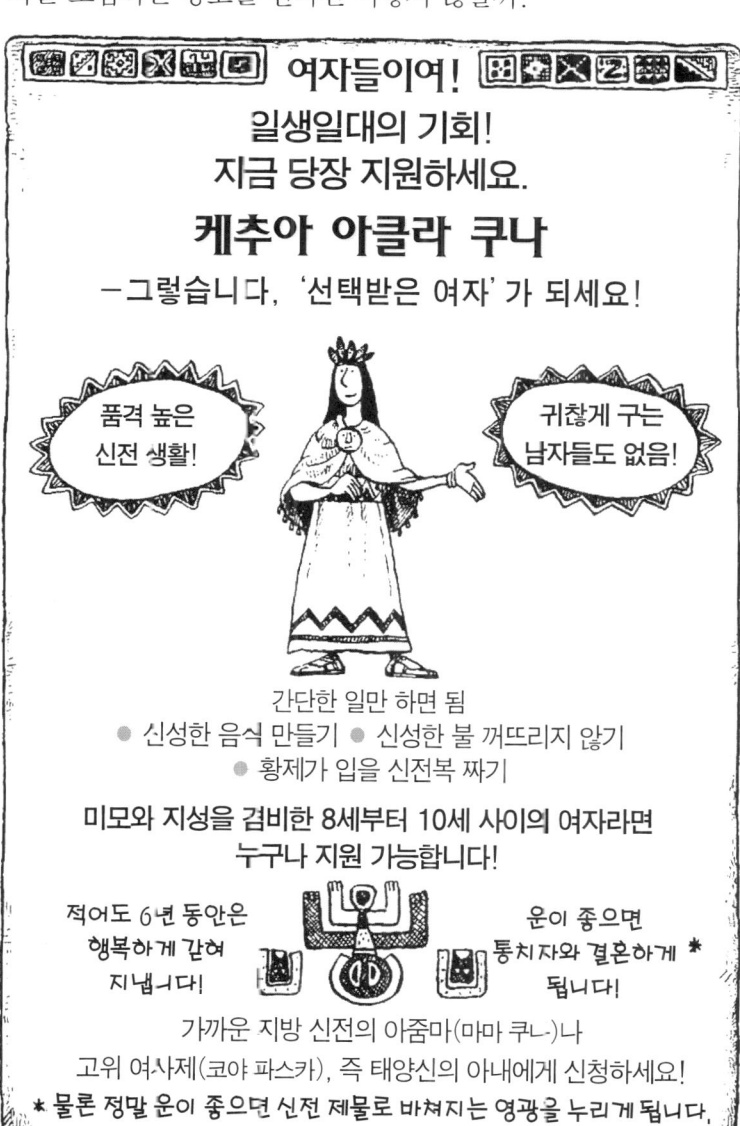

16세기에 이르러서는 이런 여자들이 몇 천 명은 되었다고 한

다. 어때, 지원할 생각이 드는지?

신전의 제물로 바쳐진다는 것과는 별도로, 선택받은 여자에게 또다른 위험이 따라다녔다. 절대, 절대로 임신해서는 안 된다는 것이다. 아주 끔찍한 벌이 내려졌으니까!

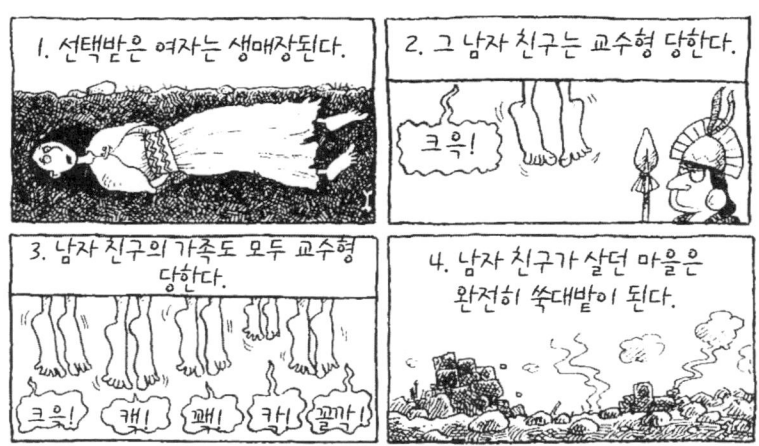

그런데 놀랍게도 선택받은 여자가 이 끔찍한 처벌을 피하는 방법이 하나 있었다. 이렇게 한 마디만 하면 끝이었다.

그러면 그 여자는 무사했다!

잉카의 왕도

잉카인들이 정복민들을 이용했던 또 하나의 일은 잉카의 '왕도(Royal road)'를 건설하는 것이다.

네 개의 길이 잉카 왕국의 네 지역에서 뻗어 나와 쿠스코 한

복판에서 만나게 되어 있었다. 잉카인들은 자신들의 제국을 '타우안틴수유'(Tahuantinsuyu)라고 불렀다. 짐작하듯이 이것은 '세계를 네 개로 나눈 지역'이라는 뜻이다. 이 네 개의 왕도는 중요한 것이었다.

그래서? 그게 어떻다는 거냐고? 그렇다면 여러분도 뒤뜰에 길 하나를 만들어 보도록. 다음과 같은 것들 없이 말이다.
- 철(삽이나 곡괭이 같은 도구의 재료)
- 문자(계획을 세우고 작업을 조직할 때 쓰는 것)
- 바퀴(그래야 뭔가를 끌 수 있으니까)
- 돈(일꾼들에게 보수를 주고 밥도 먹여야 할 테니까)

잉카인들은 이 네 가지 가운데 어느 것도 가지고 있질 못했다!

이런 길은 심부름꾼을 신속하게 제국 곳곳으로 보낼 때와 사건이 터져서 잉카 군대가 급히 이동할 때 유용했다. 에스파냐 정복자인 페드로 데 시에사 데 레온(Pedro de Cieza de Leon)은 이 길을 보고 이렇게 말했다.

> 사람들의 기억 속에 이만큼 위대했던 고속도로는 여태껏 없었다. 이 길은 깊은 계곡과 높은 산을 넘어, 눈 더미와 늪지대를 뚫으며 거대한 암벽 위를 지나, 성난 강과 나란히 이어져 있다. 평평하게 포장된 곳이 있는가 하면 절벽을 뚫은 터널도 있고, 골짜기를 에도는 곳도 있다. 눈 덮인 산봉우리들은 계단과 휴식처로 연결되어 있다. 가는 곳마다 깨끗해서 쓰레기를 찾아볼 수 없으며 술집과 창고, 태양 신전이 있다.

산길에는 발을 헛디뎌 떨어지는 일이 없도록 가장자리를 따라 벽이 둘러져 있었다.

마음 씀씀이가 정말 자상하지만, 수백 킬로미터의 벽을 쌓는 건 엄청난 일이다. 그나저나 쓰레기를 치우는 일은 누가 맡았는지 궁금하지 않아?

훌륭한 전령들

잉카인들에게는 문자, 즉 글이라는 게 없었다(대신에 색끈으로 매듭을 지어 기록을 남기는, 아주 기막힌 체계를 사용했다.). 이들은 글 대신 이야기나 소식을 통째로 외우곤 했다.

따라서 잉카 제국에는 우체부가 없었다. 대신에 '차스키'(Chasqui)라고 하는 이어달리기 주자들이 있었다.

● 이 젊은이들은 다음 초소까지 1킬로미터를 달려가서 암기해 둔 소식이나 지시 사항을 전했다. 그런 다음 자기 초소로 돌아가 다음 전갈을 기다렸다. 사슬처럼 연결되어 있는 이런 차스키 덕분에 제국 전체 몇 백 킬로미터에 걸쳐 아주 빠르게 소식을 전할

수 있었다.
- 그런데 중요한 것은 달리기가 아니라 외우는 방법이었다. 이들은 전할 내용을 정확하게, 그대로 외워야 했다. 단어 하나라도 틀리면 벌을 받았다. 역사 시험처럼 말이지.
- 차스키들은 15일 동안 일하고 나면 쉴 수 있었다.
- 이들은 황제의 심부름꾼임을 증명하는 배지를 가지고 다녔다. 또한 야생동물의 공격에 대비해 투석기와 곤봉도 가지고 다녔다.
- 이런 식으로 소식은 하루에 240킬로미터까지 전해졌다. 대략 서울에서 대전까지의 거리다.
- 전령들은 소식만 전한 게 아니었다. 때로는 음식을 전달해야 할 때도 있었다.

어떤 황제는 해산물을 좋아해서, 날마다 전령이 어촌에서 해산물을 배달해 왔다. 만약 생선이 싱싱하지 않으면 그 전령은 처형당했다!

★ 요건 몰랐을걸!

잉카 군대는 남북으로, 동서로 진출했지만 아마존 열대 우림 가장자리에서 멈추고 말았다. 그 열대 우림은 저지대 부족들이 차지하고 있었는데, 다수가 인간 사냥꾼이었다.
잉카 군대가 왜 거기서 멈추었는지 궁금하지?

무서운 우아이나

토파 황제는 모든 잉카 황제들의 전통에 따라서 죽었다(연대에 관심이 있는 사람들을 위해 굳이 밝히자면 1493년 무렵이다). 그는 아들 우아이나(Huayna)를 다음 황제로 지목했다. 그리고 죽기 직전에 이런 말을 남겼다.

우아이나는 화가 났고, 그를 추종하던 자들은 어린 황제 우아리(Huari)의 후견인을 살해했다. 우아이나는 애초에 그에게 넘기게 되어 있던 황제 자리를 차지했다. 그래서 사태는 평정되었다. 물론 목이 달아난 우아리의 후견인은 불만이겠지만.

다시 말하지만 잉카의 황제들은 아버지의 땅을 고스란히 물려받지 않았다. 여러 사람들이 영토를 나눠 가졌는데, 우아이나처럼 새로 황제에 오르면 자신의 새 영토를 정복해야 했다. 우아이나는 북쪽, 지금 우리가 에콰도르라고 부르는 곳을 선택했다.

그는 재위 기간 중 대부분을 에콰도르 원정에 보냈다. 사실 그는 그곳을 너무 좋아해서 투미 밤바에 제 2의 수도를 세우기로 결심했다. 쿠스코에 있던 권력자들은 또다른 수도가 생긴다고 생각하니 분명 숨이 막히고 겁이 났을 것이다. 그러나 쿠스코의 귀족들이 반역을 일으키기 전에, 우아이나는 어리석고 치명적인 실수를 저지르게 되는데……

어쨌든 이곳 쿠스코에서는 모든 것이 조용합니다. 적막할 정도입니다. 부디 너무 실망하거나 걱정하지 마십시오. 이곳이 이렇게 조용한 이유는 다름이 아니라, 사람들이 수천 명씩 죽었고 또 죽어가기 때문입니다. 죽음의 도시 잉카보다 더 조용한 것은 없지요. 어떤 전염병이 이 나라를 휩쓸고 있는 것 같습니다. 사람들은 모두 심한 고열에 반점으로 고생하다 죽습니다. 계곡의 많은 일꾼들이 쓰러져 일어나질 못하고 있습니다. 이제 그 역병이 수도로 번지는 건 시간 문제입니다. 그 다음 일은 상상하기도 싫습니다!
물론 어리석은 백성들은 겁에 질려 있습니다. 백성들은 도시 성문을 걸어 잠그고 역병이 들어오지 못하게 하고 있죠. 문제는 성문을 닫아 버리면 식량 공급이 끊겨서 굶어 죽는다는 겁니다.
정말 난감한 문제죠, 폐하도 같은 생각이겠지요.
지금 당장은 큰 문제가 아닙니다만, 폐하께서 알고 계시는 게 좋을 것 같아서요. 혹시 용감하신 폐하께서 해결책을 생각하셨거든 한시라도 빨리 알려 주시길 바랍니다.

폐하의 충성스러운 신하
장군 야스카 올림

살금 살금

그래, 통치자는 원래 힘든 법이다. 여러분이 왕위에 오르게 된다면 온갖 문제들을 떠맡게 된다. 불행한 우아이나가 무슨 일을 할 수 있었을까? 여러분이라면 어떻게 했을까? 바보 같은 잉카인이라면 전염병에 걸려 죽으려고 서둘러 쿠스코로 돌아가겠지! 우아이나가 바로 그랬다! 너무 빨리 죽는 바람에 후계자도 지명하지 못한 채……. 그 결과 치고 받는 왕위 쟁탈전이 또 한번 시작되었다. 새로워진 것은 전혀 없었다.

★ 요건 몰랐을걸!

우아이나의 아들은 아버지가 죽은 며칠 후 같은 병으로 죽었다. 그 결과 이복형제(우아스카르와 아타우알파)가 왕위를 다투게 되었다. 이들이 서로 싸우는 동안 잉카 제국은 분열되었고, 마침 그 때 에스파냐 정복자들이 도착했다. 사정이 그렇다 보니 에스파냐인들은 너무도 쉽게 잉카인들을 굴복시킬 수 있었다.

사실 에스파냐에서 건너 온 전염병의 공격 덕택에 정복자들이 승리할 수 있었다고 해도 좋을 것이다. 아마 에스파냐인들이 도착하기 전에 잉카인들 1,200만 명 중 800만 명이 죽었을 것이다. 보이지 않는 세균은 당시 에스파냐인들이 가질 수 있었던 최고의 무기였다! 이것을 보여 주는 것이 바로 다음 사실이다.

'기침과 재채기가 질병을 퍼뜨리면, 에스파냐 제국은 손쉽게 영토를 넓힌다!'

희한한 계급

잉카인들은 나이에 따라 해야 할 일과 입어야 할 의상이 정해져 있었다고 한다. 마치 여러분이 입는 교복처럼. 그렇다면 잉카인들도 여러분처럼 학교를 떠나지 못했던 셈이군.

옷, 어떻게 입을까

모든 사람들은 지정된 옷을 입어야 했고, 부족마다 정해져 있는 머리 장식이 따로 있었다. 다른 부족의 머리 장식을 해서 그 부족인의 행세를 하는 것은 금지되었다! 또한 계층마다 입어야 할 옷차림이 따로 있었는데, 만약 농민이라면 너무 깔끔한 옷차림을 해서는 안 됐다!

농민의 패션 감각

잉카의 농민처럼 보이고 싶다면 이렇게 따라하면 된다.

남자
- 어깨에 커다란 망토를 걸치고 앞쪽에서 묶는다.(천이 좋을수록, 수가 복잡하게 놓인 것일수록 상류 계급의 옷이다.)
- 소매 없는 헐렁한 옷
- 밑 싸개

여자
- 어깨 덮개
- 겹치는 치마. 겨드랑이 밑에서 발목까지 오는데, 위쪽 끝을 어깨 위로 잡아당겨 핀으로 조인다.
- 장식 띠

꼬마 여자애들

여학생 여러분! 이제 여러분은 잉카인들처럼 꾸미기로 한 이상 머리도 잉카 여자들처럼 손질해야 한다. 그 방법은…

1. 양동이에 가득 소변을 모은다.(어떻게 그걸 다 모으냐고? 그거야 알아서들……)

2. 모은 소변을 일 주일 간 그대로 둔다. (참아 내기가 힘들겠지만……)

3. 발효된 소변에 머리카락을 집어넣고 감는다. (이렇게 하면 때가 빠지고 머릿결도 반짝반짝 좋아진다. 이건 사실이다!)

4. 머리카락이 다 마르면 땋기 시작한다.

5. 마음에 드는 남자에게 이렇게 말한다.

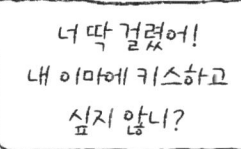

그런 다음 여러분의 왕자님이 냄새나는 신데렐라를 좋아해 주길 기원하는 것이다!

날씨 마법

잉카에서는 한 가족의 구성원들을 '아이유'(Ayllu)라고 불렀으며, 대가족의 가장은 '쿠라카'(Curaca)라고 불렀다. 모든 가족들은 쿠라카에게 복종해야 했다. 그러나 쿠라카가 되려는 사람은 약간 미친 사람이 되어야 했다. 쿠라카는 가족들의 불평과 불만을 귀담아 들은 뒤 신들을 찾아가 도움을 청하곤 했다.

그것이 효과 있으면 쿠라카는 영웅이 되었다. 그러나 그렇지 않았을 때는 비난받을 수도 있다. 가뭄이 계속되어 정원이 황폐해진다면 여러분은 어떻게 하겠는지?

어떤 에스파냐인은 어느 못난 쿠라카에게 일어난 사건을 이렇게 기록했다.

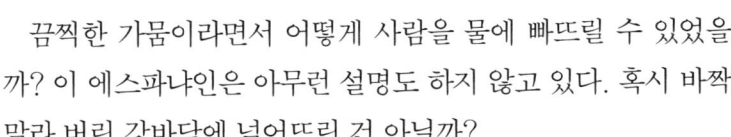

펨펠레크라는 강력한 힘을 지닌 어떤 쿠라카는 마을을 다스리고 있었다. 이 통치자는 신전에서 신상을 옮겨와 버렸다. 마을 사람들은 그 때문에 신들이 화가 나서 끔찍한 가뭄을 내렸다고 수군거렸다. 마을 사람들이 죽어가자, 사제들이 펨펠레크를 잡아서 물에 빠뜨려 죽였다.

끔찍한 가뭄이라면서 어떻게 사람을 물에 빠뜨릴 수 있었을까? 이 에스파냐인은 아무런 설명도 하지 않고 있다. 혹시 바짝 말라 버린 강바닥에 넘어뜨린 건 아닐까?

여러분이라면 말라 버린 정원 때문에 아버지를 죽이겠는가? (곰곰이 생각해 보니 이런 질문엔 대답하지 않는 게 좋겠다!)

남자들 세상

남자들은 타우안틴수유를 다스렸다. 여자들은 일하고 아이를 낳았지만 아무런 힘이 없었다. 그러나 남자들은 아이가 생기면 더 큰 권력을 얻을 수 있었다. 마치 포인트가 높아질수록 부자가 되는 슈퍼마켓의 마일리지 카드처럼.

투스코 보너스 제안

남자들이여! 권력을 향한 잉카 특급을 타시라!

아주 간단합니다!

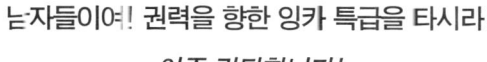
아이들만 모으시면 멋진 직책을 얻게 됩니다.
귀여운 아이 5명이면 '작은 감독관'
호칭을 드립니다.

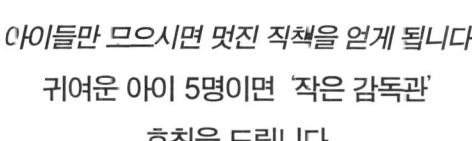
착한 아이 10명이면 '감독관' 호칭을 드립니다.

그보다 뭐니뭐니 해도 대박이 기다리고 있습니다!

**50명이나 되는 가족을 거느리시면
그 마을의 통치자가 됩니다!**

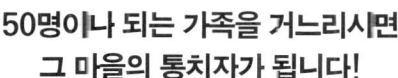
네! 여러분도 당당한 쿠라카가 될 수 있습니다.
지금 당장 여러분을 투스코 꼭대기에 태워다 줄
아내들을 모으십시오!

기억해야 할 우리의 신조 :
많은 것이 좋은 것이여!

아이들이 많다는 건 일할 사람이 많다는 뜻이고, 그만큼 많은 식량을 생산할 수 있으니 많은 권력을 누릴 수 있다는 여기다. 남자들만!

갖가지 계급들

이제 여러분은 잉카인처럼 살 준비가 되었다. 여러분이 날마다 해야 할 일은 나이에 따라 다르다.

잉카의 법은 백성들을 12계급으로 나누었고 할 일을 정확히 지정했다. 만약 잉카인이 그 법을 글로 적어 뒀다면 아마 이런 내용이었겠지.

1. 팔에 안긴 아기와 2. 한 살까지 젖먹이 : 부모의 보살핌을 받는다.
3. 1~9세의 어린이 : 1~5세까지의 어린이는 놀아도 된다. 그러나 5~9세까지는 부모를 도와서 허드렛일을 해야 한다. 여자 아이는 아기 보기, 물 떠오기, 가축한테 먹이 주기, 잡초 뽑기 등을 하거나 여자들이 맥주 만드는 것을 거들어야 한다. 다섯

살짜리 여자아이는 직물 짜는 법을 배우기 시작해야 한다. 하녀가 되려는 여자아이들은 훈련을 받기 위해 먼 곳으로 보내진다.

4. 9~16세 청소년들 : 소년들은 야마메체크(llamamechecs, 라마 떼를 돌보는 사람)로 훈련을 받는다. 9~12세의 소녀들은 직물을 염색하거나 약으로 쓸 꽃과 약초를 모아야 한다. 12~16세의 소녀들은 집안에서 살림을 하고 직물을 짠다(더러 야마메체크가 되는 소녀들도 있다). 소녀들은 14세가 되면 결혼할 수도 있지만, 대부분 18세가 될 때까지 기다린다.

5. 16~20세 청년과 **6**. 20~25세 남자 : 전령인 차스키나 야마메체크를 이끄는 목동, 장교들의 하사관으로 일한다.

7. 18~30세 여자 : 여자들은 18세가 되면 성인 대접을 받는다 (남자들은 25세가 되어야 완전한 성인이 된다.) 이 나이가 되면 결혼해서 아이를 낳아야 한다.

8. 25~50세 남자('푸리크'라고 함) : 이 나이의 남자들은 결혼해야 한다. 25세가 되면 한 가정의 가장이 된다. 이들은 주어진 땅에서 농사를 지어 세금을 내고 군에서 복무해야 한다. 또 제국의 외딴 지역에 파견되어 그곳을 개척하면서, 적대적이고 반항적인 주민들을 감시하는 임무를 맡기도 한다. 더러 이런 계급 중에는 국가 소유의 광산에 동원되는 남자들도 있었다.

9. 30~50세 결혼하지 않은 여자와 과부 : 이들은 도기와 옷감을 만들며 하녀로 일해야 한다.

10. 50~60세 노인 : 이 나이의 남자들은 사회 생활에서 어느 정도 뒤로 물러난 상태이며, 국가나 군에 대해 어떤 의무도 지지 않는다. 이따금씩 추수할 때나 씨를 뿌릴 때 도와 주는 정도. 공무원이나 사무원, 가게 점원 같은 가벼운 일을 맡기도 한다.

11. 60~80세 원로 : 이 나이에는 남녀를 막론하고 아무런 일도 하지 않는다. 아직 정정한 노인은 기니 피그를 돌보는 등 가벼운 일을 하기도 한다. 이들은 국가에서 보살펴 주는 연금 생활자들이다.

12. 환자와 장애인 같은 병약자들 : 신체 조건이 허락하는 한 일해야 하지만, 그렇지 않은 경우에는 국가에서 돌봐 준다.

눈치챘겠지만 80세가 넘으면 계급의 구분이 없어진다. 그러니까 그때까지 오래 산 잉카인들은 그리 많지 않았던 것 같다는 얘기다! 이처럼 여러분의 인생을 처음부터 끝까지 정부가 계획해 놓았다고 상상해 보라! 하지만 힘들게 살기 싫다면 언제든 떠날 수 있는 죽음도 있었다.

괴로운 학교

또 한 가지, 여러분이 농민이라면 다닐 수 있는 학교는 어디에도 없다는 것을 눈치챘겠지. 그러나 여러분이 통치자의 자녀라면 4년 동안 교육을 받게 된다.

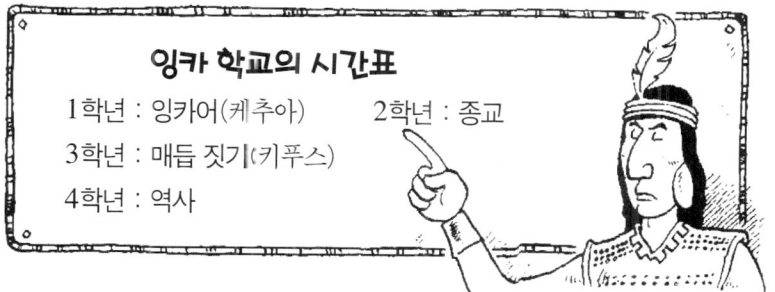

상상해 보라! 일 년 내내 역사만 배운다니! 얼마나 끔찍할까!
물론 수업시간에 장난을 치면 학교 생활이 좀 더 재미있겠지. 하지만 조심하도록! 벌이 참으로 고약하니까.

쿠스코 체벌

잉카 선생님의 교육 지침서

1. 가느다란 회초리를 준비한다.
2. 키가 큰 남학생들에게 벌받을 학생의 발목을 잡게 한다.
3. 벌받을 학생의 발바닥을 높이 올리게 한다.
4. 회초리로 발바닥을 때린다.

주의 사항: 매질은 열 대를 넘지 말며, 하루에 두 번 이상 쿠스코 체벌을 하지 말 것.

여러분은 교장실 문 앞에서 수학문제를 풀게 하는 것이 끔찍한 벌인 줄 알았지!

흔들흔들 딸랑딸랑 건들건들

물론 축제가 열릴 때면 학교도 며칠 쉬게 된다. 축제 때는 남자들이 북과 탬버린, 피리와 포토토를 연주하며 행진을 한다.

하나 포토토, 둘 포토토, 셋 포토토, 넷……

아니, 포테이토가 아니라니까! 포토토(Pototo)란 나팔처럼 부는 커다란 조개껍질을 말한다.

여러분은 이런 행렬에 끼면 같이 어울려 춤출 수 있었으며, 손목과 발목에는 딸랑이 팔찌와 발찌를 끼게 된다. 그럼 딸랑이 팔찌는 어떤 재료로 만들었을까?

a) 유리 구슬
b) 작은 조개껍질
c) 말린 르마 발톱

정답 : c) 로롤 말린 라마 발톱이 야릇이다. 로롤 말린 발톱에 기승이 달린 팔찌에는 발톱에 있어서 재미, 딸랑이 돈비리!

황당한 푸리크

앞의 잉카 계급표를 보면 잉카 제국의 군대에 입대하는 남자들은 그 나이에 결혼해서 가정을 꾸렸다는 사실을 알 수 있다. 즉 군에 가는 남자들은 아내를 두고 떠나야 했다는 얘기다.

잉카인들 사이에 입에서 입으로 전해지던 전설 중에는 이에 얽힌 어떤 가족의 기막힌 사연이 담겨 있다.

옛날에 한 젊은 남자가 살았다. 푸리크인 그는 군 복무를 하러 먼 곳으로 떠나게 되어 아내와 어린 아들과 헤어져야 했다.

"보고 싶을 거요." 그가 목멘 소리로 말했다.

"저도 보고 싶을 거예요." 아내가 훌쩍거렸다.

"나도 또고 띠플 꺼예요!"
어린 소년이 혀짤배기 소리로 칭얼거렸다.
그 푸리크가 떠나자 아내는 베를 짜며 눈물을 흘렸고, 음식을 만들며 엉엉 울었다. 그러자 "엄마, 우지 마야오!" 꼬마가 말했다.
갑자기 산들바람이 불더니 바람을 타고 흰나비 한 마리가 창문으로 들어왔다.

"그이가 보낸 신호야."
아내가 속삭였다.
"저 나비가 살아 있는 한 그이는 무사한 거야!"
"저거 모야?"
아들이 통통한 손가락으로 나비를 가리켰다.
엄마가 한숨을 내쉬며 말했다.
"엄마 애인이야!"
그렇게 두 사람은 푸리크가 돌아오기를 손꼽아 기다렸다. 어느 날 소년이 마당에서 잡초를 뽑고 있었다. 그런데 기다리던 아버지가 이쪽으로 걸어오는 것이 아닌가. 소년은 한길로 뛰어나갔고, 푸리크는 우람한 두 팔로 소년을 번쩍 들어올렸다.
"내 아들! 잘 있었니?"
"아주 잘 지내떠요!" 어린 소년이 웃었다.
남자는 깜짝 놀란 표정을 지으며 소년을 내려놓았다.

"힘들지 않았다고? 엄마하고 둘이서 외롭지 않았어?"

"그럼요!" 소년은 계속 웃었다. "엄마 애인이 매일 엄마 보러 와떠요!"

남자는 그 말에 무시무시해 보이는 곤봉을 불끈 쥐고 집안으로 달려들어갔다. 그리고는 아내를 향해 마구 내리치며 살림을 완전히 부셔 버렸다.

뒤따라 들어온 어린 소년이 분노로 가득한 아버지의 머리 위에서 팔랑거리는 나비를 보았다.

"아빠, 저기 봐요!" 소년이 울부짖었다.

"엄마의 애인이에요!"

지배자처럼 살기

잉카 제국에서는 황제로 사는 것이 아주 재미있었을까? 황제의 삶이 어떤 것인지 한번 경험해 보는 건 어떨까? 여러분 중에서 잉카 황제('사파 잉카'라고 한다)처럼 행세하고 싶은 사람을 위해서 짤막하게 소개하자면…

너 지금 날 보냐?

사파 잉카(Sapa Inca)는 태양의 자손이다. 즉 태양의 아들인 셈이지. 아무도 태양을 직접 볼 수 없으므로 어느 누구도 '여러분'을 직접 볼 수는 없다. 여러분이 어디를 가든 여러분의 백성은 머리를 숙여 땅을 봐야 한다. 아니면 한눈을 팔던가. 낮은 계급의 사람이 여러분에게 말을 건네려 한다면 등을 돌리고 절하여 존경을 나타내야 한다. (그러나 돌아서서 절한다면 엉덩이를 보여 줄 수는 있어도 존경심을 보여 주기란 힘들다!) 궁전에서 사파 잉카는 종종 가리개 뒤에 앉아 있었다.

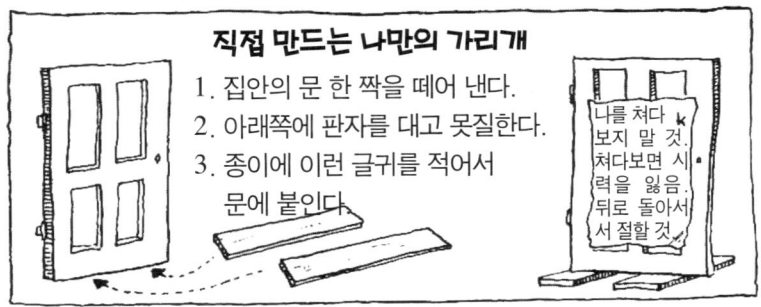

직접 만드는 나만의 가리개
1. 집안의 문 한 짝을 떼어 낸다.
2. 아래쪽에 판자를 대고 못질한다.
3. 종이에 이런 글귀를 적어서 문에 붙인다.

> 나를 쳐다 보지 말 것. 쳐다보면 시력을 잃음. 뒤로 돌아서서 절할 것.

달랑달랑 술 장식

사람들이 여러분을 통치자로 알아보지 못한다면 아무리 황제라고 해도 소용이 없다. 사파 잉카라면 왕관이 아닌 특별한 술을 머리에 써야 한다. 금으로 된 작은 관에 빨간색 털실이 늘어뜨려진 술 장식을 쓰는 것이다.

사파 잉카의 술 장식 만드는 법
1. 빨대를 반으로 잘라 금색으로 칠한다.
2. 빨간색 털실을 꿰어 한쪽 끝에 술을 남긴다.
3. 술이 달린 빨대를 머리띠에 붙인다.

술에 색칠하기

이번에는 후계자를 선택한다. 여러분이 죽거나 은퇴했을 때 그 자리를 이어갈 사람이니 가장 아끼는 아들로 한다. 여러분의 후계자에게 밝은 노란색 술 장식을 씌워 준다. 후계자는 또 깃털 달린 나뭇가지를 귀에 꽂는데, 이마에서 10센티미터 위에 꽂는다.

귀에 장식 박기

귀에 구멍을 뚫는다. 잉카의 왕족과 잉카의 순수 혈통을 이어받은 귀족 남자들은 커다란 귀 장식(귀에 뚫은 구멍을 벌려서 끼우는 작은 접시 같은 것)을 달고 다녔다. 제국의 다른 사람들과는 달리 이들은 머리를 짧게 잘랐다. 귓불에 뚫은 구멍의 크기는 혈통의 등급을 보여 주었다. 귓불 구멍을 크게 해서 큰 장식을 다는 사람일수록 더 높은 귀족이었다.

귀가 가장 큰 사람이 가장 지위가 높은 귀족이다.

잉카를 정복한 에스파냐인 프란시스코 피사로(Francisco Pissaro)는 잉카 황제의 귓불이 어깨까지 늘어져 있고, 몇몇 잉카 귀족들이 오렌지만큼 큰 원반을 귓불에 대단 모습을 보고 깜짝 놀랐다. 여러분도 황제만큼 큰 귓불을 하고 싶다면 이렇게 해 보길.

아마 라마가 보기에, 잉카 왕족의 풍습 중에서 귓불에 장식을 매다는 게 가장 이상했을 것이다.

즐거운 식사시간

잉카인들은 식탁을 사용하지 않았다. 바닥에 천을 깔아놓고 식사를 했다. 그러나 여러분은 귀하신 황제가 아닌가! 그럴 수는 없는 법.

- 우선 왕좌에 앉는다. 20센티미터 정도 높이의 약간 휘어진 나무 판자면 된다.
- 방에 있는 사람들을 모두 밖으로 내보낸다. 사파 잉카는 항상 혼자만 식사를 하니까.
- 여러분이 손뼉을 몇 번 치면 시녀들이 식사를 가지고 올 것이다. 그 시녀들은 여러분이 음식을 먹는 동안 접시를 들고 서 있을 것이다.

그런데 사파 잉카의 습관 중 집에서나 학교 식당에서 따라해서는 안 될 게 있다. 칸 정복자의 말을 들어 보자.

> 황제가 기침을 하거나 침을 뱉으려 할 때 시녀가 손을 내민다. 그러면 황제는 그녀의 손바닥에 침을 뱉는다. 그리고 황제의 옷에 떨어진 머리카락도 모두 시녀들이 떼어먹는다. 이런 관습이 있는 이유는 이렇다. 황제가 침을 뱉는 것은 고귀한 행동이기 때문이며, 머리카락을 먹는 것은 귀신에게 홀릴까 봐 두려워하기 때문이다.

우욱!

가마 타기

사파 잉카는 걸어다니기에는 너무 귀하신 몸이다. 여러분은 어디를 가든 가마를 타고 다니게 된다.

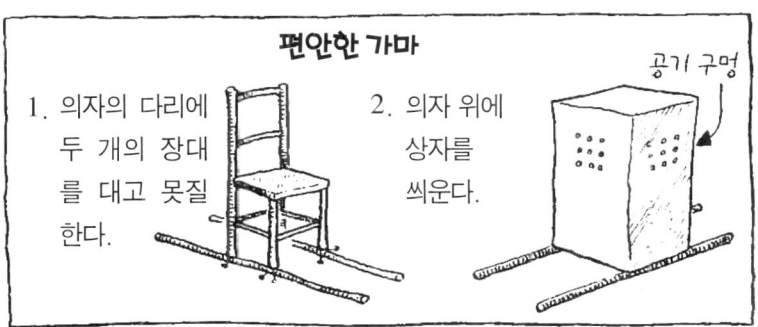

옆에 뚫려 있는 구멍들은 공기 구멍인 동시에 황제가 밖을 볼 수 있게 한 것이다. 그러나 농부들은 안을 들여다볼 수 없다. 다음엔 건장하고 힘센 가마꾼 20명을 훈련시켜서 날쌔게 찻길을 달리게 하면 어떨까? 황제의 아내들과 보둘들은 종종 가마를 타고 황제의 뒤를 두 따랐다.

잉카인처럼 살아 본다면?

죄와 벌

타우안틴수유에는 범죄가 거의 없었다. 모든 사람들이 물건을 같이 썼으니까 훔칠 이유가 없었던 것이다. 그러면 남편이 아내를 살해한다면 어떻게 될까? 뭐 미리 귀띔해 둔다면 감옥에 갇히는 일만은 없다.

처벌을 받게 되는 큰 범죄에는 세 가지가 있었다. 살인과 황제 모독, 그리고 신성 모독이었다. 이런 범죄에 대한 벌은 사형이었는데, 잉카인들은 간단한 방법으로 죄인을 처형했다. 그게 무엇일까?

a) 죄인을 토막내서 기니 피그한테 먹이로 주었다.
b) 죄인을 티티카카 호수에 빠뜨려 죽였다.
c) 죄인을 절벽에서 밀었다.

정답: c) 아니랍시고 뭐 상대해주겠어?

극히 드물긴 했지만, 아주 심각한 범죄는 바로 황제의 여러 아내들 중 한 명을 여자친구로 삼는 것이었다. 그에 대한 처벌은 발가벗긴 후 벽에 묶어서 굶어죽을 때까지 두는 것이었다.

가벼운 범죄에 대해서는 약한 벌이 주어졌다. 손이나 발을 자르다던가 눈을 뽑는다던가 하는 사소한 벌이! (죄인은 어떤 벌인지는 볼 수 있었겠지만·그 후로 다른 것은 볼 수 없었겠지!)

특별한 벌

오늘날에는 일부 범죄에 대해 처벌이 가해진다. 그래서 제한 속도보다 시간당 10킬로미터 이상으로 달린 운전자는 정해진 만큼 벌금을 내고 경찰 컴퓨터에 '벌점'이 기록된다. 하지만 잉카인들은 돈이란 것이 없었으니 벌금도 없었으며, 운전면허도 없었다. 아마 종이가 없었기 때문일 것이다. 그러나 이들도 특정 범죄에 대해서는 처벌을 가했다.

여러분은 타우안틴수유의 법 집행인이 될 수 있을까? 다음의 범죄와 그에 대한 강력한 처벌을 짝지어 보자.

이런 죄를 지으면

이런 벌을 받았다

- ⓐ 천천히 고통스럽게 죽인 후, 죄인의 뼈로 피리를 만들었다.
- ⓑ 때려서 죽인 후, 콘도르라는 커다란 새의 먹이가 되도록 시체를 내다 버린다.
- ⓒ 생매장한 후 집은 불태우며, 나무를 뿌리뽑고 작물을 망가뜨린다.
- ⓓ 위험한 동물이 우글거리는 동굴 안에 이틀 동안 가둔다.
- ⓔ 바닥에 엎드리게 하고 몇 미터 높이에서 죄인의 등 위로 돌을 떨어뜨린다.

잉카의 형벌은 주로 태형·추방·사형·공개처형 등이었다. 귀족과 평민의 처벌 방식이 서로 달랐으며, 특히 공개처형은 많은 사람들에게 겁을 주어 죄를 짓지 못하게 하기 위한 것이었다. 그 방법이 너무나 잔인하여 사람들은 법을 어기기를 두려워했다.

정답 : 1. b) 이런 벌은 짐승처럼 살아가는 죄수에게 주었을 것이다.
2. e) 이렇게 해서 때리는 족족 정신을 잃었다. 그렇지 않으면 충격의 정도가 심장에 상처를 입고 죽었다.
3. a) 자신의 뼈로 사람들이 춤을 추게 만든다고 생각하면 괴로울 것이다. 안 그래?
4. c) 나무를 뿌리째 뽑고 집 전체를 불어 버린다. 이것 말고 어떻게 더 버릴 수 있을까? 게다가 모든 농작물까지 주인들이 몰수하여 빼앗을 것이다.
5. d) 아마 정신적인 이 벌이 제일 대처하기 어려웠을 것이다.

이상한 음식
지저분한 맥주

잉카인들은 축제 때 엄청난 양의 치차 맥주를 마셨다. 아마 치차 몇 잔을 마시고 나면 라마를 죽이는 장면을 재미있게 볼 수 있었는지도 모른다!

혹시 가기 싫은 회의에 나가야 하는 어른이 주위에 있는지? 그런 분에게 치차 술 한두 잔이 필요하지 않을까? 그렇다면 잉카인이 소개하는 간단한(그러나 역겨운) 술 제조법을 따라해 보자.

비위가 상한 여러분은 침이 안 들어 있는 레몬차가 더 좋겠다고 생각할 테지?

맛있는 감자

잉카인들은 감자를 많이 먹었다. 감자를 가리키는 잉카어 중 하나가 '파파'(Papa)였는데, 에스파냐인 정복자들이 이 말을 약간 바꾼 것이 오늘날 '포테이토'(Potato)라는 단어의 뿌리가 되었다. 그러나 잉카인들과 이들이 정복했던 부족들에겐 감자를 가리키는 단어가 200개도 넘었다고 한다!(누가 그걸 다 세 보았을까?)

우리가 아는 감자는 몇 가지뿐인데.

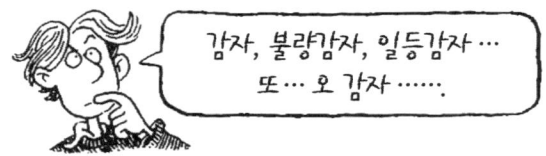

동네 슈퍼마켓에 감자가 등장하기 아주 오래 전에, 잉카인들은 말린 감자까지 먹고 있었다. 이들은 가을에 감자를 거두었는데, 안데스 산맥의 가을은 따뜻하지만 밤이면 영하로 기온이 떨어졌다. 그 다음에는…

- 감자를 땅 위에 널어놓고 밤새 얼린다.
- 다음날 감자가 녹을 때까지 놓아 둔다.
- 오후에 이 감자들을 한군데로 모아 놓는다.
- 맨발로 감자들을 짓밟아 으깨어 물을 짜낸다.
- 건더기를 골고루 펼쳐서 말린다.
- 겨울 내내 이것을 저장한다.
- 감자가 먹고 싶으면 물만 섞으면 된다. 마치 녹말가루처럼.

잉카의 다른 곡물들과 마찬가지로 수확한 감자는 똑같이 삼등분해서,
- 하나는 마을 사람들이 먹고
- 하나는 기근에 대비해 저장하고
- 하나는 사제가 신에게 제물로 바칠 때 태웠다.

안데스 산맥의 일부 지역에는 나무가 귀했다. 그럼 어떻게 감자를 구워 먹었을까? 물론 말린 라마 똥으로 불을 피워서 구웠지!(스모키 베이컨 칩을 좋아한다면 태운 라마 배설물의 향기도 괜찮지 않을까?)

치떨리는 치료법

잉카인들은 전염병 같은 것 없이 아주 건강하게 살았다. 정복자들이 에스파냐에서 특별한 선물을 갖다주기 전까지는! 그러나 몇 가지 병이 있기는 했는데……

쿠스코 민간요법

잉카의 환자들을 위한 확실한 치료법

심한 부상 : 심술궂은 라마한테 물리셨나요? 적군의 칼에 찔렸거나 돌에 맞으셨나요? 후추나무의 껍질을 벗

겨 물에 삶은 다음 상처 부위에 붙이세요. 후끈후끈한 후추나무가 치료에는 탁월합니다.

끔찍한 설사 : 코카나무의 잎을 따서 씹으세요. 신비로운 코카 잎은 배고픔을 덜어 주고 높은 산에 올랐을 때 느끼는 메스꺼움도 없애 줍니다.

무시무시한 통증 : 유리칼로 양쪽 눈 사이에 구멍을 파세요. 그러면 당장 두통이 멈춘답니다! 팔에 통증이 있다면 팔에 피를 내세요. 통증이 나아지는 게 느껴질걸요!

열 나는 아이 : 아기가 열이 나면 가족들의 소변을 단지에 모아 그 물로 아기를 씻기세요. 그래도 열이 내리지 않으면 아이한테 그 물을 먹이세요! 엄마가 주시는 사랑의 물!

아픈 아이 : 현명한 엄마라면 아기가 태어날 때 자른 탯줄을 말려서 보관해야겠죠. 아기가 아프면 탯줄을 주어 빨게 하세요. 탯줄이 아기 몸 속의 병과 나쁜 기운을 빨아들인답니다!

머리가 빠개지는 두통 : 두개골에 동그라미를 그리고 선을 따라가며 약 0.25센티미터 구멍을 나란히 뚫습니다. 그 다음 뼈를 들어내고 나쁜 기운이 머리에서 빠져나가게 합니다. 그밖에 직각으로 교차하는 두 개의 선을 따라서 톱질하는 방법도 있습니다. 물론 환자는 마취 효과를 위해 많은 양의 코카 잎을 복용해야겠죠! 두통을 몰아내는 데는 머리에 구멍 뚫는 것만한 게 없습니다!

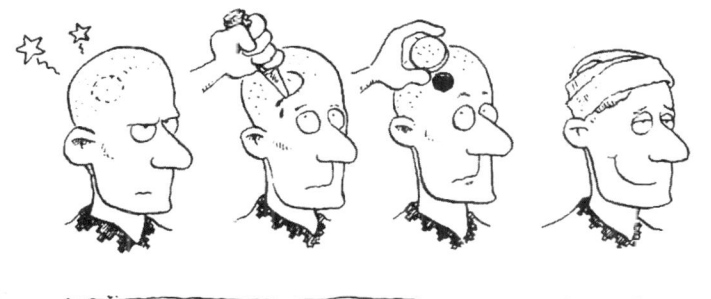

머리에 구멍을 뚫는 요법은 효과가 있었던 모양이다. 고고학자들은 머리에 구멍이 뚫린 두개골들을 발견했는데, 상처가 치료되어 환자가 살아났던 것으로 보인다.

★ **요건 몰랐을걸!**

한편 마을의 치료사들은 특별한 속임수를 써서 환자들에게 치료되었다는 믿음을 심어 주기도 했다. 이들은 먼저 환자에게 검은색, 흰색의 옥수수 가루를 먹이고 최면을 걸었다. 치료사는 가족들이 지켜보는 가운데 칼로 환자의 배를 열어 보이는 시늉을 했

다. 그런 다음 뱀과 두꺼비 등 징그러운 것들을 꺼내 보여 주곤 했다. (당연히 이건 속임수였다.) 그리고 환자의 몸에서 피를 닦아 내고 이렇게 말했다.

"보시오! 상처는 치료되었고 몸 속의 독들이 빠져 나갔소!"

환자들은 몸이 좋아졌다고 느꼈다. 진짜로 치료되었다고 믿었으니까.

멋진 외모 가꾸기

남학생 여러분! 여학생들은 이가 썩었거나 입에서 고약한 냄새가 나는 것을 제일 싫어한다. 그런 이를 잉카식으로 깨끗하게 관리해 볼 생각은 없는지?

1. 작은 나뭇가지를 준비한다.(남아메리카산 후추나무 가지여야 한다. 정원의 울타리 나뭇가지는 효과가 없다.)
2. 뜨거운 불에 나뭇가지를 올려놓고 끝에서 연기가 날 때까지 달군다.
3. 뜨겁게 달군 나뭇가지를 잇몸에 갖다 댄다.

어떤 정복자는 그 다음에 이런 일이 벌어졌다고 말했다.

남학생들이여, 이제 밖으로 나가 좋아하는 여학생을 찾아라. 운이 좋아 그런 여자를 만났다면, 아마도 구운 고기 맛이 나는 남자와 뽀뽀하는 것을 즐기는 식인종이겠지.

오싹오싹 역사적인 건강 경고

진짜로 이걸 하지는 말도록! 비비원숭이 엉덩이가 아무리 빨갛고 건강하다고 해도 여러분 입안이 그렇게 되는 걸 바라지는 않겠지! 잘 알겠지만 흡연은 여러분의 건강을 해칠 수 있다. 그리고 담배처럼 연기 나는 나뭇가지는 여러분의 입안을 해칠 수 있다.

재미있는 돈

잉카인들은 돈을 사용하지 않았다. 그들은 일을 해 준 대신 자신들이 원하는 물건을 받았다. 학교에서 해 보면 재밌겠는데……

이들은 또 천이나 옷가지를 돈처럼 사용했다. 이건 별로 좋은 생각이 아닌데……

돈 같은 것이 발명되지 않았기 때문만은 아닌 것 같다. (잉카인에게 정복당했던) 시카족 사람들은 구리 도끼날을 동전처럼 사용했다. 여러분도 이 도끼날을 만든다면 최고 부자인 시카인이 될 수 있다. 필요한 것은 구리판 1톤과 커다란 망치뿐이다. 구리판을 잘라 망치로 두들겨서 도끼 모양을 만든다. 크기는 각각 길이 5센티미터, 너비 3센티미터로 한다.

시카족은 부유한 족장이 죽으면 이런 도끼날 500킬로그램을 함께 묻었는데, 시체 주변에 이런 도끼날 더미를 쌓아 올렸다.

이들은 또 20명의 사람들을 족장과 함께 묻었다.

잉카인들은 이 도끼날 돈의 개념을 모방하지 않았다. 돈이란 나쁜 것일 수도 있을 테니까. 어쨌든 성서에서도 돈을 좋아하는 것은 악의 뿌리라고 했거든. 그래서 잉카인들은 구리 도끼날 돈이 문제만 불러일으킬 거라고 생각했는지도 모른다!

더 재미있는 돈

잉카인들이 돈을 사용하지 않았던 다른 이유는 아마 그들의 사고 방식과 관계가 있을 것이다.

여러분과 여러분의 부모님들뿐만 아니라 모든 사람들은 돈에 대해 이렇게 생각한다.

그러나 잉카인들은 이렇게 생각했다.

정복자들은 이것을 전혀 이해하지 못했다. 잉카 군주라면 수많은 아내와 자식, 그리고 손자들이 있을 것이었다. 그러면 그는 부자다. 에스파냐인들은 잉카 군주 돈 후안(Don Juan)에게 겁을 먹고 그를 교수형에 처하고 싶어했다. 그에겐 아내가 많았기 때문이었다.

그러나 돈 후안은 목숨을 구하려고 두 가지 방법을 썼는데,
1. 돈 후안은 묻혀 있는 보물 중 상당한 양을 자신을 처형하려던 에스파냐 관리에게 주었다. 보물은 에스파냐인에게는 값진 것이었지만, 돈 후안에겐 그렇지 않았다.
2. 에스파냐 관리가 말했다. "많은 첩들을 크리스트교를 믿는 선량한 여신도의 집으로 보내어 크리스트교를 배우게 하라." 돈 후안은 그의 말대로 자신의 아내들을 보냈다. 그러나 그것은 속임수였고 자신이 아끼는 첩들은 집에 남겨 두었다. 대신에 다른 여자들을 보냈던 것이다.

불행히도 에스파냐인들은 이 뇌물 사건과 속임수를 밝혀 냈다. 돈 후안은 곧바로 처형되었다. 그 조상들이 해 왔던 관습을 따랐다는 이유로.

잉카에 관한 심문

여러분은 선생님들이 여러분한테 질문하기를 좋아한다는 사실을 눈치챘는지? 답을 알고 있을 선생님들이 일부러 질문을 하는 이유는 뭘까?

이제 입장을 바꾸어, 다음의 간단한 퀴즈로 여러분이 선생님을 골려 줄 차례다. 선생님이 10문제 중 5개를 맞추지 못한다면, 조기 퇴직할 각오가 되어 있는 분이시다!

다음 문제를 보고 그렇다 또는 아니다로 대답하시라.

1. 잉카인들은 너무 늙어서 일할 수 없는 노인을 미라로 만들어서 매장했다. 아직 죽지 않았는데도!

2. 나이가 많은 노인들에겐 벼룩들을 수집하는 일이 주어졌다.
3. 잉카 우아카를 붙잡은 적군들은 그가 울자 그만 풀어 주었다.
4. 아타우알파 휘하의 대표적인 장군 찰쿠친마(Chalcuchinma)는 두 다리가 바싹 불타 버렸다. 잉카의 보물 창고가 어디 있는지 실토하라는 협박 때문이었다.
5. 황제 아타우알파의 가마꾼들은 에스파냐인들이 손목을 잘라 버리자 일을 그만두었다.

6. 오늘날 페루 남자들은 잉카 조상들을 기리면서 투석기 싸움을 재현하지만, 어느 누구도 다치지는 않는다.

7. 잉카 전사들은 활쏘기 명수들이었다.
8. 잉카인들은 팝콘을 즐겨 먹었다.
9. 잉카인들은 개고기를 먹었다.

10. 잉카인들은 라마를 탔다.

정답 :
1. 아니다. 잉카인들은 일찍부터 노인들을 공경했다. 세계 최초로 노후 연금을 주었던 것도 이들이다. 물론 돈이 아니라 양식이었지만. 황제의 재물 중 일부를 과부와 고아, 노인, 장애인들을 위해 남겨 두었다. 세금 징수인들은 황제로부터 많은 식량과 재물을 거두어서 가뭄이나 기근에 대비해 저장해 두었다. 장님들은 목화에서 씨를 골라내고 그 대신 음식과 집을 얻었다.
2. 그렇다. 너무 나이가 들어 농사일이 힘들어지면, 잉카의 식량 창고로 가서 노후 식량 연금을 받았다. 보통 50세가 되면 연금을 받았다. (요즘은 60세가 돼야 경로 우대증을 받을 뿐이다. 게다가 경로 우대증은 별로 도움이 안 된다.) 그러나 노인들이라도 스스로

쓸모 있는 일을 찾아하도록 권장되었다. 땔감을 모으고, 벼룩을 모으는 것처럼. 이렇게 애써 모은 벼룩은 가족 집단의 지도자에게 전달된다.

3. 그렇다. 그러나 우아카는 기막힌 재주를 보여 주었다. 피눈물을 흘리며 울었던 것이다! 그를 잡은 사람들은 너무 놀라서 그를 풀어 주었다.

4. 그렇다. 하지만 그 장군을 너무 가엾게 여기지 않아도 된다. 그가 즐겨하던 취미는 적군의 두개골로 술을 마시는 것이었다. 그는 까맣게 탄 다리로 계속 걸어다녔으며, 아타우알파의 뒤를 이은 황제를 독살시켰다. 썩 좋은 아저씨는 아니다.

5. 아니다. 물론 손이 잘렸다는 것은 사실이다. 그러나 이들은 자신의 본분을 저버리지 않고 아타우알파를 태우고 나라를 돌아다녔다! 이들은 피를 너무 흘려 죽을 때까지, 큰 막이 의자(가마)를 어깨에 매고 다녔다. (아마 충직한 신하였기 때문일 것이다. 설마 가마를 떨어뜨린 사람을 처벌하는 무서운 법이 있을까!)

6. 아니다. 경쟁 관계에 있는 지역의 출신 남자들은 아름다운 여자의 사랑을 차지하기 위해 기사들처럼 서로 싸웠다. 이런 싸움으로 아직도 해마다 죽는 남자들이 더러 있다.

7. 아니다. 잉카 전사들은 새총 같은 투석기로 돌멩이를 쏘았다. 이들은 활과 화살을 쓰지 않았다. 활을 만들 만한 좋은 나무가 안데스 지역에는 없기 때문이다.

8. 그렇다. 옥수수는 이들의 주식이었다. 잉카인들은 옥수수를 굽거나 쪄서, 또는 가루로 만들어 빵을 만들었다. 또한 열을 가해 옥수수 알을 튀겨 먹었다. 안타깝게도 이들은 팝콘을 먹으면서 볼 영화는 발명하지 못했다!

9. 아니다. 잉카인들은 우안카족을 정복했는데, 이 우안카족이 특별 요리로 개를 즐겨 먹었다. 그러나 잉카인들은 이 풍습을 약간 혐오했다. 차라리 기니 피그를 굽거나 삶아서 먹기를 훨씬 좋아했다. 이 작은 털북숭이 동물은 저녁식사가 되기 전까지는 애완 동물처럼 집 주위를 뛰어다녔다. 잉카인들은 또 라마 고기(양고기와 비슷한 맛)도 먹기는 했지만, 평소에는 고기를 별로 먹지 않았다.

10. 아니다. 라마는 당나귀처럼 짐을 나르는 데 사용됐지만, 잉카인들은 절대 라마를 타지 않았다. 아마 라마는 짐이 너무 무겁거나 화가 나면 걸음을 멈추고 몇 시간이고 앉아 있는 고약한 버릇 때문일 것이다! 잉카인들은 또한 라마의 멋진 기술을 몹시 조심했다. 그것은 바로 멀리 있는 목표물(또는 사람)을 향해 정확하게 침 뱉는 거다!

정복은 잔인하게!

1532년까지 잉카인들은 10여 개국을 정복하고 적어도 20개의 다른 언어를 쓰는 부족 1,200만 명을 지배했다. 잉카 제국은 남북으로 32만 킬로미터, 동서로는 800킬로미터에 걸쳐 뻗어 있었다.

그런데 크리스토퍼 콜럼버스 덕분에 에스파냐인들이 아메리카 대륙을 발견했다. 이들은 중앙 아메리카의 아스텍인들을 박살내고 남쪽으로 내려오기 시작했다. 보물을 찾기 위해서였다. 잉카인들은 에스파냐 침략자들의 공격을 받았다. 겨우 250명한테! (정확히 알고 싶다고? 그래! 정확히 말하면 군인 198명과 마부 62명이다. 원, 까다롭기는…….)

그래서 잉카인들은 에스파냐인들보다 6만 배 정도 훨씬 수가 많았다. 상대가 안 된다고?

잉카 후기 역사 훑어보기

1526년 에스파냐의 프란시스코 피사로가 페루 해안에 상륙한다. 부유한 잉카인들은 그를 환영하며 많은 양의 금을 준다. 물론 그는 더 많은 금을 얻으려고 돌아오게 된다. 다음 번에는 군대를 거느리고!

1527년 우아이나의 아들 중 한 명인 우아스카르가 황제에 오른다. 그의 이복형제인 아타우알파는 황제의 자

리를 놓고 그와 싸우기로 한다. 아타우알파가 이기고 우아스카르를 사로잡는다.

1532년 피사로가 작은 규모의 군대를 거느리고 페루로 돌아와 젊은 황제 아타우알파를 만난다. 에스파냐인들은 아타우알파를 납치하고 몸값을 요구한다. 많은 잉카인들이 에스파냐인들은 살결이 흰 신일 거라고 믿고 싸우지 않는다.

1533년 잉카인들이 아타우알파의 몸값을 지불하지만, 에스파냐인들은 그를 처형한다. 정말 비겁한 짓이다. 잉카 제국이 막을 내리고 페루의 수난 시대가 시작된다.

1537년 잉카 반란군인 망코 카파크 2세가 빌카밤바에 새로운 잉카 왕국을 세운다. 그러나 오래 가지 못한다.

1541년 피사로가 암살된다. 그러나 잉카인의 짓은 아니다. 그가 워낙 인기가 없었기 때문이다.

1572년 잉카의 마지막 저항 세력의 본거지가 함락되고, 망코의 아들인 투파크 아마루(Tupac Amaru) 황제가 참수형을 당한다. 지도자가 없는 새 잉카 제국은 붕괴된다. 그리고

머리 없는 시체가 된 투파크 아마루도 예전의 당당함을 잃고 만다!

1600년 잉카인들의 수가 에스파냐인들이 도착할 당시의 10분의 1밖에 안 남는다. 노예 생활과 유럽에서 들어온 질병이 70년 동안 이들을 휩쓸어 버린 것이다.

1782년 마지막 잉카 황제의 후손인 투파크 아마루 2세가 에스파냐의 지배에 대항해 혁명을 이끌었다가 패배한다. 에스파냐인들은 그에게 아내와 아들들이 처형되는 것을 지켜보게 한 다음 그를 매달아 사지를 찢어 버린다. (여러분은 잉카인들이 잔인하다고 생각했지?)

1808년 남아메리카 국가들이 에스파냐의 지배에 맞서 저항운동을 시작한다.

1824년 에스파냐인들이 패배하고 새로운 국가들이 탄생한다. 옛날 잉카의 본고장에는 페루가 세워진다.

페루의 기원

잉카인들은 자신들이 사는 곳을 타우안틴수유라고 했다. 그런데 에스파냐인들은 어떻게 페루라고 부르게 되었을까? 그 유래는 이렇다.

에스파냐인들은 아메리카 대륙 동쪽 해안에 상륙했다. 1511년 에스파냐인 정복자 발보아(Balboa)가 금의 무게를 재고 있을 때였다. 한 젊은 아메리카 원주민 족장이 주먹으로 저울을 치면서 이렇게 말했다.

그런 다음 에스파냐인 발보아는 '황금 사나이'에 관한 이야기를 듣게 되었다. 남아메리카의 왕인 그 사나이는 얼마나 부자인지, 아침마다 금분을 몸에 바르고 성스런 호수에서 목욕을 한다는 것이었다.

잉카인들의 운명은 그 순간부터 예정되어 있었다. 에스파냐인들이 페루를 찾기까지 20년이 걸렸다. 그러나 일단 정복자 피사로가 잉카에 도착하자, 잉카의 운명도 기울고 말았다. (그래서 피사의 사탑이 기울어져 있는 건가?)

막강한 피사로

타우안틴수유를 정복한 대표적인 사람은 에스파냐인 프란시스코 피사로(Francisco Pizarro)였다. 그는 불과 260명을 이끌고 인구 수백 만의 잉카를 정복했다. 대체 이 피사로란 자가 누구일까? 슈퍼맨 같은 사람이었을까? 그에 관해서 무시무시한 진실이 몇 가지 전해지는데……

피사로에 대한 무서운 사실들

1. 어린 시절 피사르는 에스파냐에서 가난하게 살았다. 그는 돼지 치는 일을 하면서 생활비를 벌었다.
2. 그의 부모는 그를 버리고 달아났다고 한다. 그가 살아난 것은 암퇘지가 그를 키워 줬기 때문이라고!
3. 피사로는 글을 전혀 배우지 못했다. (암퇘지가 글을 가르쳐 주지 않았다!) 그는 자신의 이름도 쓰지 못했는데, 공식 문서에는 반드시 이름을 적어야 했다. 그렇다면 피사로는 어떻게 했을까? 그는 이름이 새겨진 스텐실(그림이나 글자를 따낸 형판)을 가지고 다니면서, 필요할 때마다 잉크를 칠해 종이에 찍었다!

4. 피사로는 1513년 누네스 데 발보아(Nunez de Balboa)가 파나마를 횡단해서 태평양을 발견할 때 같이 있었다. 발보아는 에스파냐 왕이 신임하던 페드라리아스 다빌라(Pedrarias Davila) 장군에 의해 참수되었다. 피사로는 어리석지 않았으므로 다빌라의 충복이 되어 목숨을 구할 수 있었다.

5. 그 후 피사로는 군인인 디에고 데 알마그로(Diego De Almagro)와 함께 파나마 남쪽의 땅을 정복하러 떠났다. 파나마인들은 그런 위험한 모험을 할 수 있다고는 믿으려 들지 않았다. 그래서 알마그로와 피사로의 소규모 군대에 '미치광이 일당'이라는 별명을 붙여 주었다. 그러나 파나마인들의 생각이 옳았다. 피사로는 수많은 군인들의 목숨을 치르고 그 대가로 얼마 안 되는 금만 가지고 돌아왔다.

6. 피사로는 다음 남아메리카 원정 때 일곱 차례나 화살에 맞았지만 계속 임무를 수행했다.

피사로와 250명의 에스파냐 군인들은 퇴각하여 어느 섬에 피신했는데, 거기서 피사로는 유명한 연설을 했다. 그는 모래 위에 금을 긋고 이렇게 말했다.

여러분이라면 그 선을 넘겠는가? 250명의 씩씩한 에스파냐 인들 중 몇 명이 선을 넘어 갔을까?

a) 13명
b) 113명
c) 213명

정답 : a) 겨우 13명이 선을 넘어 몽상이 그로 하여금 마침내 죽음에 이르기까지 쫓아들었다.
피사로의 기운이 아직들을쎄!

7. 위대한 지도자들이 다 그렇듯이 피사로에게도 많은 운이 뒤따랐다. 그와 함께한 '영광의 13인' 가운데 페드로 데 칸디아(Pedro de Candia)라는 거인이 있었다. 이 사람은 혼자 앞장서서 길을 탐험하겠다고 제의했는데, 그가 말하길…

만약 내가 죽음을 당하면, 당신은 중요하지 않은 한 사람만을 잃게 됩니다. 그러나 내가 성공한다면 당신은 위대한 영광을 얻게 될 것입니다!

칸디아는 1미터짜리 나무 십자가를 들고 잉카의 툼베스 시로 나아갔다. 전하는 말로는 툼베스 의원들이 황제의 사자와 호랑이를 길목에 풀어놓았다고 했다. 그러나 이 짐승들은 덜 배고팠는지 칸디아의 발치에 엎드렸고, 그가 동물들의 머리를 쓰다듬어 주었다고 한다. 그러자 툼베스 사람들의 입이 떡 벌어지고 말았다. 그들은 칸디아를 태양신이 보낸 사자(使者)라고 믿고 그를 숭배했다.

8. 페루는 피사로 집안 사람들에게 짓밟혔다. 피사로의 세 형제들은 그가 이 나라를 정복하도록 도왔다. 그러나 형제들 중 어느 누구도 그 후 행복하게 살지 못했다. 그 가운데 에르난도는 에스파냐로 돌아가 그 행위에 대한 대가로 20년 동안 감옥살이를 했다. 그는 석방된 후 끔찍한 가난 속에서 살다 100세에 죽었다.

음모를 꾸민 피사로

에스파냐인들은 금을 찾아서 타우안틴수유에 도착했다. 에스파냐 왕은 그들에게 배와 군인들을 내주었고, 그 대가로 남아메리카의 많은 금을 원했다. 그것도 아주 엄청나게 많은 금을.

자, 이제 선생님한테 문제 낼 시간이다. 역사 선생님한테 이렇게 여쭤 보도록.

"다음 질문에 두 단어로만 대답해 보세요."(물론 선생님은 못 푸실걸! 선생님들은 200단어로 대답할 것을 단 두 단어로 표현하시는 법이 없거든!)

프란시스코 피사로는 읽고 쓸 줄 모르는 까막눈이었지만, 적어도 다음과 같은 골치 아픈 역사 문제에는 답할 수 있었다. 그럼 여러분은 어떨까?

문제 1 : 몇 명밖에 안 되는 에스파냐 정복자들이 어떻게 수많은 잉카 전사들을 둘러쳤을까?

정답 : 사기를 쳤다.

피사로는 군인들을 이끌고 카하마르카 시로 들어갔다. 잉카인들은 방랑 중이던 신들이 들렀다고 생각하고 저항하려 들지 않았다.

그러자 피사로는 아타우알파 황제에게 전갈을 보냈다.

그런 다음 피사로는 대포를 숨겨 광장을 엄호하고, 기병들을 길 양쪽에 세워 놓았다. 잉카인들은 대포나 말 같은 건 본 적이 없었다. 아타우알파의 호위병들이 광장으로 행진해 오자 에스파냐인들은 대포를 발사했고, 기병들은 말을 타고 달려와 잉카인들을 죽여 버렸다. 잉카인 7천 명 정도가 학살되었고, 아타우알파는 포로로 잡혔다. 이렇게 말하니까 에스파냐 군인들이 용감하면서도 무자비한 살인자처럼 생각되지? 그러나 그 현장에 있던 페드로는 이렇게 말했다.

여기서 피사로는 매정하고 잔인한 악당처럼 느껴진다. 그러나 아타우알파는 에스파냐인들을 사로잡아 그 중 몇 명은 신에게 제물로 바치고 나머지는 노예로 부리려고 계획했었다. 말을 안 듣는 녀석들은 돈을 베어 버리고 말이다.

그런데 단지 피사로가 먼저 손을 쓴 것뿐이었다!

문제 2 : 피사로는 3,200킬로미터에 걸친 잉카 제국의 재물들을 어떻게 손에 넣었을까?

정답 : 아타우알파의 몸값으로.

쉬운 방법은 잉카인들에게 보물을 바치라고 명령하는 것이다! 피사로는 아타우알파 황제를 방에 가두고 이렇게 말했을 뿐이다.

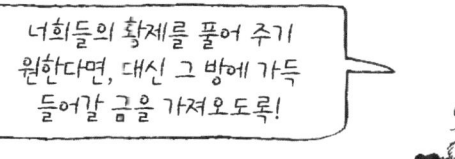 

놀랍게도 잉카인들은 순순히 그의 말을 들었다. 이들은 6,017킬로그램의 금뿐만 아니라 12킬로그램의 은까지 가져왔다. 그들에게 그 정도는 푼돈이었을 것이다. 잉카인들이 모든 보물들을 그 도시로 나르는 데는 8개월이 걸렸다.

문제 3 : 몸값을 내고 풀려난 아타우알파가 복수하지 못하도록, 피사로는 어떤 방법을 썼을까?

정답 : 아타우알파를 죽인다.

 아, 그렇다. 잉카인들은 몸값을 지불하면 황제가 풀려날 거라고 생각했을 것이다. 그러나 피사로는 바보가 아니었다. 그는 아타우알파를 풀어 줄 생각이 전혀 없었다.
 그는 아타우알파에게 이렇게 말했다.
 "우리는 너를 태워 죽이겠다!"
 그 말에 황제는 약간 충격을 받았다. 왜냐하면 그는 죽어서 자기 몸을 미라로 만들고 싶어했기 때문이다. 그런데 재로 뭔가를 만들어 내기란 무척 힘든 일이다. (물론 재떨이 정도면 가능하겠지만.)
 피사로는 협상을 했다. "내 말을 들어 보게, 아타우알파. 만약 자네가 크리스트교인이 된다면 선심을 베풀어서 대신 목 졸라 죽여 주지!"
 아타우알파는 고개를 끄덕였다.
 황제가 나무 기둥에 묶이자 그의 목에 노끈이 둘러졌다. 그리고 막대기를 끼워 비틀면서 끈을 조이자 황제는 질식해서 죽었다. 이것은 교살이라고 불리는 처형 방법이었다.

물론 아타우알파는 크게 개의치 않았다. 그는 자신이 다시 태어날 거라고 믿었던 것이다!

잉카 군대는 지도자를 잃자 사기가 떨어졌고, 소규모의 정복자 부대는 쉽게 이들을 진압했다. 그러나 피사로에게는 문제가 하나 있었다. 그것은 잉카인과는 관계없는 문제였다.

알 만한 알마그로

크게 성공한 사람에게 골치 아픈 문제가 있다면, 자신을 시샘하고 미워하는 사람들이 생긴다는 것이다. 여러분도 인기를 끌고 싶다면 실패자가 되라, 그러면 모두가 여러분을 사랑하게 된다! 프란시스코 피사로를 미워한 사람은 다름 아닌 에스파냐의 동료 정복자인 에고 데 알마그로였다.

- 알마그로와 피사로는 모두 타우안틴수유를 정복했다. 그러나 피사로는 에스파냐 왕의 총애를 받았기 때문에 알마그로가 질투하게 도 었다.
- 알마그로는 칠레 정복을 돕기 위해 남쪽으로 파견되었다. 그런데 원정이 실패한 데다가 그가 떠난 동안 쿠스코의 잉카인들이 반란을 일으켰다.
- 저항 세력을 진압하러 돌아온 알마그로는 피사로의 형제들을 찾아가서 도움을 청했다. 그러나 이들은 전투 중에 그의 명령에 복종하려 하지 않았다.
- 알마그로가 그 형제들을 감옥에 가두어 버리자 피사로의 기

분이 좋을 리 없었다.
- 피사로가 알마그로를 공격함에 따라, 에스파냐인 대 에스파냐인의 싸움이 시작되었다. 피사로는 오랜 친구를 사로잡았고 아타우알파에게 보여 주었던 것과 똑같은 자비를 알마그로에게 베풀었다. 똑같은 방법으로 알마그로를 교살시켜 처형한 것이다. 그것으로도 모자라 아예 목을 베어 버렸다!

줄줄이 엮인 잉카인들

알마그로의 칠레 원정은 엄청난 실패작이었다. 어리석은 큰 실수를 저질렀기 때문이다. 우선 그는 겨울에 안데스 산맥으로 출발했다. 아무리 억센 잉카 지원군들도 하나 둘씩 얼어 죽었다. 알마그로는 잉카인 1만 2천 명을 데리고 출발했는데, 첫해 겨울에 1만 명이 죽었다.

잉카인들은 목에 쇠고랑이 채워진 채 사슬처럼 길게 엮여 있었다. 그렇기 때문에 잉카인 중 한 명이 아파서 쓰러지게 되면, 꽁꽁 언 손과 차가운 열쇠로 쇠고랑을 풀기란 어려웠다. 그래서 알마그로는 신속한 방법으로 쇠고랑에 묶인 잉카인을 풀어서 행군이 오랫동안 지체되지 않도록 했다. 그럼 알마그로의 빠른 방법이란 무엇이었을까?

> **정답** : 잉카인의 목을 베어 버리는 것이다.

★ 요건 몰랐을걸!

칠레 원정에 실패한 정복자는 알마그로뿐만이 아니었다. 그 다음으로 칠레 원정길에 오른 정복자는 페드로 데 발디비아(Pedro de Valdivia)였다. 그는 1550년대에 칠레 지역을 정복하려고 했다가 원주민들의 손에 죽었다. 그의 목구멍에 녹인 금물을 쏟아 붓던 원주민은 이렇게 말했다.

피사로의 종말

피사로는 결국 잉카인들이 아닌 알마그로의 아들과 그의 에스파냐 친구들에게 죽임을 당했다. 그는 리마에 자신의 궁전을 지어 놓았는데 적들이 바로 그곳으로 피사로를 잡으러 온 것이다. 그러나 그는 싸우러 나가서 공격자들 중 두 명을 죽였다. 그러자 살아 남은 공격자들은 아주 멋진 계획을 생각해 냈다. 일당 중 한 명을 피사로의 칼을 향해 던진 것이다!(친구한테 정말 잘 하는 짓이다!) 피사로가 세 번째 희생자의 시체에서 칼을 빼려고 끙끙대는 동안에 이들이 그의 목에 칼을 찔렀다.

피사로는 크리스트교도답게 죽었다. 그는 목에서 흘러내리는 피에 손가락을 적셔 바닥에 십자가를 그렸다. 그런 뒤 십자가에 입을 맞추었다. 다음 순간 그를 향해 마지막 공격이 빗발치듯 쏟아졌다.

그의 장례식에는 많은 이가 참석했지만 우는 사람은 없었다. 암살자들을 이끌었던 알마그로의 아들은 일 년 뒤에 살해되었다.

안타까운 아타우알파

"아! 불쌍한 아타우알파! 거짓말에 속아 살해당하다니. 정말 억울한 일이야!"

이렇게 말하기는 쉽다. 그러나 사실 아타우알파가 왕좌를 차지하게 된 것도 자신의 이복형을 속이고 살해했기 때문이었다. 그렇게 본다면 마땅한 최후를 맞이했던 건지도 모른다!

아타우알파는 북부 지역을 다스렸다. 그의 아버지는 아타우알파를 무척 아꼈기 때문에 죽기 전에 자신의 땅을 물려주었던 것이다. 그러나 이 때문에 새로운 황제(아타우알파의 형인 우아스카르)는 심기가 불편했다. 그런데 처음에 아타우알파는 황제에게 복종하기로 약속했다.

하지만 그는 최고의 정예 군사들을 보냈다. 완전 중무장을 시키고서! 이 군대가 침략군이라는 사실을 우아스카르가 깨달았을 때는 이미 너무 늦었다. 그는 사로잡혔고, 근위병들은 그의 눈앞에서 학살되었다.

아타우알파는 여기서 끝내지 않았다.

이들이 도착하자 아타우알파는 이들 모두를 죽여 버렸다! 이제 마음에 걸리는 위험 요소로 남은 것은 바로 아타우알파의 식구들, 즉 왕족들이었다. 200명 정도나 되는 형제들과 사촌들 말이다.

그럼 그렇게 할 수밖에 없겠지? 그 다음에는 왕족 가운데 여자들과 아이들을 처리할 차례였다. 이들은 한참 동안 굶겼다가 목이나 허리를 매달아서 죽게 놔두었다. (어떤 에스파냐 작가는 이들이 '말로 옮기기에는 너무나 끔찍한 모습으로' 매달려 있었다고 전했다. 그래서 여기서는 자세히 언급하지 않겠다.)

아타우알파, 이만하면 만족했겠지? 천만에! 그는 전 황제의 시종들과 물지게꾼, 정원사와 요리사들도 모조리 학살해 버렸다. 몇몇 도시에서는 너무 많은 남자들이 죽어서 여자 열 명당 남자 한 명밖에 남지 않았다.

이제 그는 이복형의 복수를 당할 위험이 없어졌다. 그런데 문제는 전사들의 힘을 다 빼놓는 바람에 에스파냐 침략자들이 위협을 가해 왔을 때 대처하지 못했다는 것이다.

참으로 엄청난 실수를 저질렀군, 아타우알파!

말랑한 칼을 든 남자들

아타우알파가 우아스카르를 굴복시켰을 때, 마침 이방인들이 그들의 땅으로 들어왔다는 소식을 듣게 된다. 또한 그들의 총과 칼, 말에 관해서도 듣게 된다. 얼마 후 아타우알파를 공격하게 될 바로 그 무기들이었다. 그러나 잉카의 장군들은 아타우알파를 겁주기 싫어서 악의 없는 거짓말을 해 버렸다.

그리고 해질 무렵에 그들을 만났다……. 그러나 결코 괜찮지 않았다! 아타우알파가 도착하자 한 사제가 황제에게 라틴어로 크리스트교에 관해 설명했다. 그는 아타우알파에게 성서를 건넸다. 그러나 잉카 황제는 책이 뭔지도 몰랐다! 어쩌면 당연한 일이었지만, 그 설교에 지루했던 아타우알파는 성서를 내던져 버렸다. 바로 그 순간 숨어 있던 정복자들이 공격을 개시했다. 한 에스파냐인은 그때를 이렇게 기록했다.

그 에스파냐인은 수천 명의 잉카인들이 학살되는 동안, 정복

자는 한 사람도 죽지 않았다는 사실을 즐겁게 회상했다.

아타우알파는 정복자들한테 붙잡혀 갇혀 있으면서도 형 우아스카르를 잊지 않았다. 그는 비밀 지령을 내려 우아스카르를 죽이도록 했다!

은광에서의 수난

잉카 농부들은 그들의 지도자를 위해 일을 했고, 지도자들은 그 대가로 농부들을 보살펴 주었다. 그러나 에스파냐 정복자들은 잉카 농부들을 실컷 부려먹으면서도 겨우 목숨이 붙어 있을 만큼만 배려해 주었다.

가장 고된 것은 은 광산에서 일하는 것이었다. 정복자들의 본국 에스파냐에서는 돈이 절실히 필요했다(전쟁터에 나가는 군사들에게 지불할 목적으로). 포토시에서 은 광산이 발견되자 에스파냐인들은 그 보물을 얻기 위해 잉카인들을 죽도록 일을 시켰다.

그러나 그 광산을 발견한 것은 에스파냐인들이 아니었다. 한 라마지기가 은 광산을 발견한 것이다. 그 사연은 이렇게 시작된다.

산이 흔들렸던 것은 아마 소규모의 지진 때문이었을 것이다. 그러나 이 소식을 들은 에스파냐인들은 성난 신들에 관한 옛날 이야기 따위엔 전혀 개의치 않았다. 1571년 이들은 그 은 광산을 채굴하기 시작했다. 그럼 일꾼들에게는 무엇으로 보수를 주었을까?

a) 소량의 은
b) 농사지을 작은 농토
c) 옷감 조각

노동의 비애

　에스파냐인들은 잉카인들을 착취해서 돈을 버는 방법을 발견하고서, 이들을 새로운 죽음의 길로 몰아넣었다.

- 잉카인들은 곳곳의 광산에서 은광을 캐서 기다란 망토에 가득 담은 뒤, 그것을 지상으로 끌어내야 하는 중노동을 했다. 광산 꼭대기까지 오르면 산 위의 차가운 공기 때문에 몸이 오싹해졌고 많은 이들이 폐렴에 걸려서 죽었다.
- 수은 광산에서 일하는 노동자들은 먼지에 섞인 수은을 들이마셨는데, 수은이 몸에 쌓여 중독될 수가 있었다. 수은 때문에 사람들은 목이 아프고 열에 시달리다 서서히 죽어 갔다.
- 에스파냐인들은 사탕수수 공장에 무거운 기계를 들여다 놓고 사탕수수를 짰다. 이들은 종종 잉카 농부들까지 으깨 버리는 경우도 있었다!

패배한 항거

　물론 잉카인들은 에스파냐의 지배에 맞서 때때로 반란을 일으키기도 했다. 그러나 별로 성공을 거두지는 못했다. 그저 실패로 끝난 게 아니라 끔찍한 고통까지 받았다.

　1536년 망코 카파크의 부활절 봉기가 일어나자, 에스파냐 군인들이 봉기를 진압하기 위해 그 도시로 쳐들어갔다. 잉카의 투사들은 유럽인들을 향해 맨 다리를 들어올려 보임으로써 이들을 비웃었다! (이런 욕은 지금도 안데스 산맥 지역에서 쓰이고 있다.) 그게 욕이었는지 모르지만 별로 효과적이지는 않았다!

이 싸움은 한 달이 넘게 계속되었다. 에스파냐인들은 끔찍한 전술을 시도했다. 이들은 원주민 여자들을 토막 내고, 사로잡은 전사들의 오른손을 잘라서 원주민들의 눈에 띄도록 요새 밖으로 내던졌다.

쿠스코에서 봉기가 일어난 후, 피사로는 처음으로 망코 카파크와 사이좋게 지내려고 노력했다. 그러나 이 시도가 효과를 못 보자, 정복자 피사로는 망코의 누이이자 아내를…

● 발가벗기고
● 나무에 묶어서
● 회초리로 사정없이 때린 뒤
● 화살을 쏘아 죽였다.

그런 다음 그녀의 시체를 바구니에 넣어서 강물에 띄워보내 잉카인들의 기지로 흘러가게 했다.

피사로는 또 망코 휘하의 가장 훌륭한 장군과 15명의 주요 잉카 장교들을 산 채로 화형했다. 망코는 에스파냐인 알마그로와 동맹을 맺어 우호관계에 있다고 생각했지만, 이 에스파냐인들은 그를 찔러 죽였다. 아무튼 대단한 친구들이다.

화려한 궁전들

쿠스코에 도착했던 정복자들은 자신들의 눈을 의심하지 않을 수 없었다. 실제로 정복자 페드로 데 시에사 데 레온(Pedro de Cieza de Leon)은 이렇게 말했다.

그러나 그가 쓴 〈페루 연대기〉에는 그들이 도착해서 보고 파괴해 버린 이상한 세계의 찬란함을 엿볼 수 있을 만큼 자세하게 씌어 있다.

우리는 코리칸차에 도착했다. 이곳은 잉카인들이 모시는 태양신전이다. 약간 높이 올린 벽 주변에는 금으로 띠를 둘렀는데 그 길이가 두 뼘은 되고 두께는 손가락 네 개만큼이었다. 수많은 문간과 문들은 모두 금으로 덮여 있었으며, 벽 안쪽에는 네 채의 건물이 있었다. 건물들은 그다지 크지는 않았지만, 안팎으로 모두 금칠한 판이 덧대어 있었다.

욕심 많은 에스파냐인들의 눈이 튀어나온 것도 당연하지!
그러나 잉카인들은 태양 신전을 온통 금으로 뒤덮은 것에서 그치지 않았다. 훌륭한 미술가였던 이들은 신전에 멋진 황금상들을 가득 전시해 놓고 있었다. 밀랍 인형 박물관의 물건들이 밀랍이 아닌 금으로 되어 있다고 상상해 보라!

> 신전의 건물 한 채는 태양의 형상이었는데 크기도 컸으며 금으로 되어 있었다. 건물을 지은 솜씨는 훌륭했고 귀중한 보석들이 수없이 박혀 있었다.
> 또 이곳에는 정원이 있었는데 흙은 금덩어리로 만들어진 것이었으며, 거기서 금으로 된 옥수수가 자라고 있었다. 또한 새끼들을 거느린 스무 마리 라마가 있었으며, 투석기와 지팡이를 든 라마지기가 이들을 지키고 있었다. 이 모두가 금으로 되어 있었다. 또한 금이나 은으로 만들어진 커다란 항아리와 단지, 병들이 헤아릴 수 없이 많았으며 그 안에 에메랄드가 가득 채워져 있었다.

그런데 잉카 세계에서는 금 조각 하나까지 모두가 단 한 사람의 것이었다. 다름 아닌 황제였다. 에스파냐인들은 이 현실을 바꾸기로 계획했다. 완전히, 그리고 영원히. 이들은 금을 모두

벗겨 내고 금상들을 녹여 금괴로 만든 다음, 배에 가득 실어 에스파냐로 보냈다!

잔인한 희생제

그 태양 신전에서 잉카인들은 무엇을 했을까? 이들은 태양신에게 제사를 지냈다. 만약 여러분이 황금판을 재료로 길이 100미터, 폭 30미터나 되는 궁전을 지을 수 있다면 이런 것도 여러분 혼자서 할 수 있을 것이다.

신성한 연기

다음의 간단한 설명대로 따라할 수 있다면 여러분은 완벽한 사제가 될 수 있다!

해에게 올리는 제사

일단 우리의 주인이신 태양이 날마다 나타나도록 확실하게 해 둘 필요가 있다, 그렇겠지? 그렇다면 날이면 날마다 옥수수 제사를 치르는 것이 좋을 것이다. 그렇지 않으면 해는 다시는 떠오르지 않을 것이다!

우선 불을 뜨겁게 활활 지핀다.

그 다음 불 위에 옥수수를 뿌려 굽는다.

이런 제사가 왜 효험을 거두었는지는 아무도 모르지만, 어쨌든 효과는 확실하다. 그것도 항상!

달에게 올리는 제사

특별한 제사

특별한 행사가 있다고? 그럼 제사를 지내는 게 어떨까? 여기 간단한 비결을 소개해 주지! 사랑스러운 라마의 목숨을 지키고, 대신 기니 피그를 바치는 것!

그렇다. 이 귀엽고 작은 털북숭이 동물 기니 피그는 제사 때가 되면 기니 피그 구이가 되곤 했다. 그러나 너무 겁먹지는 말 것. 귀여운 동물을 굽는 것보다 더 심한 것들이 있었으니, 이제 곧 알게 될 것이다. 그 전에 먼저…

★ 요건 몰랐을걸!

잉카인들은 황제가 죽으면 종종 죽은 황제의 눈썹을 뽑아서 바람에 날려보내곤 했다. 신에게 바치는 선물이었던 셈이다. 신들이 그 눈썹으로 무얼 하는지는 신만이 알 일이다! 어쩌면 눈썹으로 가발을 만들었던 건 아닐까?

학대받은 아이들

잉카인들에게 아주 곤란한 문제가 생겼을 때, 즉 전투에서 패한다거나 기근이나 가뭄이 닥쳤을 때, 신들에게 바치는 제물로는 인간의 피가 아주 그만이었다. 그 중에서도 가장 순수한 어린아이의 피를 말이다. 잉카인들은 그들의 신이 귀여운 어린아이를 더 좋아할 것이라고 믿었던 것이다!

싸늘한 무덤들

잉카인들은 사람을 제물로 바치는 제사를 산 속에서 치렀다. 벌레들은 높은 산의 희박한 공기를 좋아하지 않는다. 녀석들에겐 산소 마스크를 살 돈이 없거든. 게다가 일 년 내내 추운 날씨는 마치 냉장고와 같았다. 따라서 제물로 바쳐진 어린아이의 몸은 썩지 않았다. 그들의 몸은 온전히 보존되어 있다가 500년 후에 발견되었다.

1999년 4월, 한 신문에는 아르헨티나에서 잉카의 제의식에 희생된 한 소녀가 발견되었다는 기사가 실렸다.

그 소녀는 아르헨티나의 안데스 산맥 북서쪽에 있는 해발 6,700미터의 루야이야코 화산 정상에서 발견되었다. 500년 된 그 소녀의 얼굴은 잔인하게 죽음을 당했는데도 평화로워 보였다. 잉카인들은 소녀에게 술을 먹이고 추위 속에서 소녀가 감각을 잃자, 담요와 밝은 색깔의 천으로 몸을 감쌌다. 그런 후 소녀는 산 채로 매장되었다.

이 어린 잉카 소녀의 얼굴은 지금까지 발견된 어느 미라보다 보존 상태가 가장 좋다. 이 소녀를 비롯해 다른 소년과 소녀 한 명은 혹한의 추위와 희박한 산소 때문에 자연적으로 미라가 되었다.

정밀 검사 결과, 이들의 장기는 손상되지 않은 것으로 밝혀졌다. 혈관 속의 혈액은 얼어 있었으며, 내장 속에는 마지막으로 먹은 음식물의 흔적이 그대로 남아 있었다. 덮고 있던 더러운 누더기를 통해서 얼굴을 알아볼 수 있는 이 소녀는 14세 정도로 추정된다. 두 볼은 부어 있으나 생김새는 오늘날의 아이들과 비슷하다. 조상들이 제사를 지냈던 그 산맥의 한 자락인 살타에서는 그 소녀와 닮은 갈색 피부의 아이들이 뛰어놀고 있다.

신의 기분에 따라 달라지는 날씨

어린이를 산꼭대기까지 데리고 가서 생매장시켰다니 참으로 잔인한 이야기 같다. 그러나 잉카인들은 자신들이 옳은 일을 하고 있다고 믿었다. 잉카의 사제한테 그 이유를 물어 보면, 그들은 기꺼이 설명해 줄 것이다.

결국 어린이들은 신을 행복하기 하기 위해 소름끼치는 죽음을 맞았던 것이다. 희생제는 전투에서 큰 승리를 거두었을 때 신에게 고마움을 전하기 위해 흔히 치러졌다.

어린이들의 공포

제사가 치러지는 산꼭대기까지 가는 여행은 여러 날이 걸렸다. 밤이 되면 겨우 돌로 바람을 피할 곳을 만들어 쉬었다.

그 어린이들은 산꼭대기에 이르면 죽음이 기다리고 있다는 사실을 알았을까? 아무리 술을 마셨다고는 하지만, 그래도 어린이들은 겁에 질렸을 것이다.

한 고고학자가 자신이 발견한 것에 관해 이렇게 기록했다.

> 그 소년의 두개골 정수리는 닳아서 달걀껍질처럼 되어 있었다. 소년은 이제야 막 영구치가 자라는 나이였다. 그를 죽이면서 세게 머리를 쳤는지 금이 가 있었다. 그 틈새로 쪼그라든 소년의 뇌가 보인다. 그러나 소년의 얼굴은 아직 고스란히 남아 있었지만, 두려움 같은 것으로 표정이 일그러져 있다.

소년의 표정에 나타난 것은 두려움이었을까? 아니면 그저 고고학자의 상상이었을 뿐일까?

도굴꾼들

 희생된 어린이들은 약간의 식량과 함께 묻혔다. 다음 세상으로 가는 여행길에 먹으라고 배려해 준 것이다. 그 밖에도 남자들과 여자들, 라마를 본뜬 황금상과 조개껍질도 함께 묻혔다.

 에스파냐인들이 타우안틴수유를 정복한 목적은 잉카의 금을 훔쳐 가기 위해서였다. 그리고 도굴꾼들은 지금까지도 이 황금상들을 훔치기 위해 고분들을 파헤치고 있다. 이런 사람들은 자신들이 파괴하고 있는 역사에 대해 눈곱만치도 신경 쓰지 않는다. 물론 불쌍하게 죽은 그 어린이들을 배려하는 마음도 전혀 없는 게 분명하다.

 어느 날 그렇게 다이나마이트로 파괴되어 버린 무덤을 한 고고학자가 우연히 발견하게 되었는데…….

얼음 덩어리 속에는 얼어붙은 미라 한 구가 있었다. 당시 우리는 그것을 꺼낼 장비를 가지고 있지 않았다. 우리는 한 달 후 그 곳으로 가봤지만 도굴꾼들이 먼저 다년간 뒤였다. 그들은 얼음을 폭파시켜 무덤을 깨뜨린 것이었다. 우리는 고대 잉카의 벽 속에 박혀 있는 미라의 귀 하나를 발견했다. 다이나마이트의 파괴력으로 거기까지 날아간 것이었다. 그러나 미라의 나머지 귀는 찾지 못했다.

벽에도 귀가 있다잖아!

 그런 황금상들은 대개 돈 많은 수집가들한테 팔려가기 때문에 박물관에서 볼 수 없다. 따라서 우리 같은 사람들은 그걸 연

구할 기회도 없다. 무자비하고 탐욕스럽고 이기적인 사람은 잉카인들이나 정복자들말고도 또 있는 것이다.

뾰족한 머리

제물로 바쳐졌다가 발견된 어린이들 중 일부는 이상한 머리 모양을 하고 있다. 마치 태어난 순간부터 머리에 나무판을 강제로 대어 머리를 뾰족하게 만들어 놓은 것처럼 보인다. 그 머리 모양은 그들이 제물로 바쳐질 산의 모양을 본뜬 것이었다!

만약 그 산에 봉우리가 두 개라면 어떻게 되었을까? 그럼 부모들은 그 모양대로 아기 머리를 동여맸을 테고 두개골엔 두 개의 봉우리가 생겼을 것이다! 끔찍하지만 사실이다!

그리고 그렇게 온갖 노력을 기울인 후, 아이들을 죽였던 것이다!

현대의 살해자들

희생된 미라들을 조사하기 위해 현장을 방문한 고고학자들은 소름끼치는 사실을 이야기한다.

오늘날 아르헨티나에 있는 잉카 지역을 방문했던 어떤 학자는 이렇게 말했다.

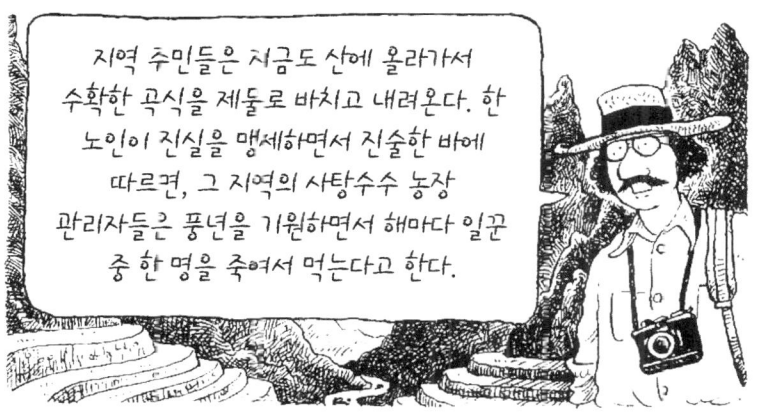

지역 주민들은 지금도 산에 올라가서 수확한 곡식을 제물로 바치고 내려온다. 한 노인이 진실을 맹세하면서 진술한 바에 따르면, 그 지역의 사탕수수 농장 관리자들은 풍년을 기원하면서 해마다 일꾼 중 한 명을 죽여서 먹는다고 한다.

이건 마치 전체 학생의 시험 성적이 잘 나오길 기원하며 교장 선생님이 해마다 학생 중 한 명을 죽여서 잡아먹는다는 얘기와 같지 않은가! 제발 고장 선생님들이 이 책을 보지 않도록 기원하자.

★ **요건 몰랐을걸!**

여러분은 잉카인들이 피에 굶주린 사람들이었다고 생각할지 모르지만, 타우안틴수유에는 훨씬 더 무서운 부족들도 있었다. 아타우알파를 개종시켰던 에스파냐인 수사 발베르데(Valverde)는 프란시스코 피사로가 암살당하던 때 무사히 빠져나온 사람이다. 그는 에콰도르로 피신했지만 그만 푸나의 원주민들에게 붙잡혔다. 이들은 그 수사를 죽이고, 그를 먹어 버렸다.

행운의 라마

해마다 4월이면 잉카인들은 나파(Napa), 즉 하얀색 라마를 경배하며 축제를 열었다. 흰라마는 사람들이 입혀 준 빨간 옷을 걸치고 귀에는 금장식을 달기까지 했다. 그리고 치차 맥주를 마시고 마치 사제들이 하는 것처럼 코카 잎을 씹었다.

그런 다음 나파는 신에게 치차 술로 제사를 올렸다. 세상에 라마가 어떻게 제사를 올릴 수 있느냐고? 신전 안에 치차 단지들을 나란히 놓아두면, 라마가 단지들을 발로 차서 신께 보내는 것이다! (여러분은 꿈에도 이건 생각을 하지 못했을걸!) 사실 라마가 받는 최고 대접은 치차 술이 아니었다. 그것은 바로 사제들이 라마를 살려 두는 것이었다. 나파 라마는 절대로 제물로 바쳐지지 않았다!

하지만 다른 라마들은 운이 좋지 않았다.
- 결혼식 때에는 항상 두 마리의 붉은 라마가 희생되었다.
- 태양 신전에서는 매달 100마리 라마가 희생되었다.
- 큰 전투에 나가기 전에는 수천 마리 라마가 신께 제물로 바쳐졌다.

그렇다면 가뭄이나 기근이 들면 잉카인들은 어떻게 했을까?

라마한테는 참 끔찍한 일이다.

그런데 사제들이 제물로 바치는 라마를 어떻게 했는지 여러분은 알고 싶지 않겠지? 뭐라고? 알고 싶다고? 아, 그럼 진실을 알려 주겠다. 사실… 그들은 라마의 목을 땄다. (이렇게 하면 하얀 라마 모피 외투가 당장에 더러워지겠지.)

그리고 사제들이 그 라마 피를 어떻게 했는지는 알고 싶지 않겠지? 알고 싶다고? 구역질이 날 텐데! 뭐, 꼭 알아야겠다면 말해 주지. 사제들은 그 피를 조금 마신 뒤 나머지를 바닥에 뿌렸다.

★ 요건 몰랐을걸!

오늘날 사라사라 산의 고대 희생제 현장을 찾는 사람들은 여행 길에 먹을 식량을 미리 사 갈 수 있다. 그 산밑에 자리잡은 마을에서는 말린 개구리를 팔거든. 말린 개구리는 인기 요리인 개구리 수프를 만드는 데 쓰인다. 여러분이 이 요리를 좋아한다면 페루까지 단번에 뛰어가도록!

매력만점인 여러 신들

잉카인들이 신선한 고기를 바쳐 가면서 모셔야 했던 이 신들은 어떤 존재였을까? 잉카의 신들은 험상궂고 소름끼치는 존재였을 수도 있다. 다른 나라들의 수많은 신들처럼 말이다. 여러분이 괜찮다면 섬겨 볼 만한 몇몇 신들을 소개한다.

비라코차(Viracocha)

직업 : 지구와 인간, 신의 창조자

여러분은 이 신이 가지고 있는 다른 이름들을 더 좋아할지도 모르겠다.

- 세계의 지도자 제왕(마치 무슨 교장 선생님이라도 되는 것 같다!)
- 고대의 존재(맞네, 완전히 교장 선생님이잖아!)
- 하늘의 노인

황당한 이야기들 : 비라코차는 인간을 만든 게 그 업적의 전부가 아니다. 그는 인간을 파멸시켰다가 다시 돌로 인간을 만든 뒤 전세계 곳곳에 흩어 놓았다. 그는 인간들에게 생존법을 가르친 후 자신의 망토로 배를 만들어 타고는 태평양으로 떠났다.

어떤 잉카인들은 이건 말도 안 되는 소리라고 했다.

　비라코차는 잉카인들에게 좋은 친구였다. 파차쿠티 황제가 창카족의 공격을 받고 있을 때였다. 비라코차가 황제의 꿈에 나타나서 승리할 거라며 격려해 주었다. 파차쿠티는 '고맙다'는 말을 하기 위해 쿠스코에 신전을 지어 비라코차에게 바쳤다.

　외모 : 파차쿠티는 금으로 이 신의 형상을 만들었다. 이 신상은 열 살 어린이 정도 크기다. 비라코차는 키가 작은 신이었을까? 아니면 파차쿠티가 금이 아까워서 신상을 작게 만들었던 걸까?

인티(Inti)

직업 : 태양신

　인티라는 이름은 '인티'라는 잉카 황제의 이름을 딴 것인데, '내 아버지'란 뜻이다. 인티는 잉카 군주들의 부모로 여겨졌기 때문이다.

　외모 : 황금 원반에 사람의 얼굴을 하고 있으며, 햇살이 얼굴 주위를 에워싸고 있다.

마마킬리아(Mama-Kilya)

직업 : 어머니 달이며 인티의 아내

황당한 이야기 : 잉카인들은 어머니 달이 눈물을 흘리면 은이 되어 떨어진다고 믿었다. (용돈이 필요할 때 이런 엄마가 있다면 정말 좋겠지! 엄마의 코밑에다 양파를 썰어 갖다대기만 하면 컴퓨터 게임을 사고도 남을 텐데!)

아푸 이야푸(Apu Illapu)

직업 : 비를 내리는 신이며 천둥의 신

평민들이 가장 많이 기도를 바쳤던 신이 바로 아푸 이야푸였다. 비는 이들의 생활에 아주 중요했기 때문이다.

끔찍한 이야기 : 아푸의 신전들은 보통 높은 고지에 있다. 사람들은 비가 내리기를 기원할 때는 이 신전까지 올라가서 희생제를 지냈다. 이 제사에는 사람이 제물로 바쳐지는 경우가 많았다. 이것은 일종의 직접 교환이었다. 사람의 목숨을 한 차례 내리는 비와 맞바꾸는 것이다. (할아버지가 가꾸시는 배추밭에 비가 필요하다고 해서, 역사 선생님을 아푸 신에게 바치려는 학생은 없겠지?)

외모 : 사람들은 아푸 신의 모습을 볼 수 없지만 그림자는 볼 수 있다. 우리가 은하수라고 부르는 별 무리가 바로 그의 그림자이다. 잉카인들은 아푸 신이 은하수에서 물을 퍼온다고 믿었다. (물론 말도 안 되는 소리다. 그게 사실이라면 은 비가 내린다는 것인데, 그렇게 되면 빗물이 땅에 떨어지기도 전에 사

람들이 다 받아 갈걸!)

기도 시간

잉카 제국에는 방방곡곡 어디를 가든 사제와 신전이 있었다. 쿠스코에 있는 최고 사제는 거의 황제와 맞먹는 권력을 지니고 있었다. 물론 신전에서도 기도를 올렸지만, '우아카'(Huaca)라는 성소에서도 기도할 수 있었다. 그러나 이런 성소가 될 만한 곳은,
- 산
- 다리
- 미라(특히 죽은 황제의 미라)
- 돌무더기(길가에 쌓아 올린 돌더미 말이다. 들을 하나 더 쌓아올리면, 신들이 안전한 여행길을 보장해 준다고 한다.)

미라의 마술

이제 전투를 앞두고 있다고? 그렇다면 죽은 잉카 황제들의 도움이 필요하겠군. 다음 방법으로 행운을 빌어 보도록.

1. 황제들의 미라를 꺼내어 전사들의 앞에 대열을 지어 놓는다. (초대 황제의 미라는 없었다. 망코 카파크는 죽어서 돌이 되었거든.)

2. 군악대에게 뼈 피리(사람의 정강이뼈로 만들어진 피리)와 탬버린으로 음악을 연주하게 한다.

3. 시인들에게 죽은 황제들에 관한 서사시를 암송하게 한다. 혹시 경쟁관계에 있는 학교와 축구나 농구, 배구 또는 제기차기 같은 시합이 벌어질 때 이 방법을 써 보고 싶은 학생이 있을지 모르겠다. 그렇다면 학교 합주단이 연주를 하고 잉카 서사시를 낭송하는 동안 미라와 행진하도록. 만약 여러분이 아는 잉카 서사시가 없다면, 이렇게 하면 된다.

무시무시하지? 잉카인들이 전투마다 대부분 승리를 거둔 것도 당연한 일이다!

미라 만들기

황제의 미라들은 산에서 희생제의 제물로 바쳐지고는 꽁꽁 언 채로 발견되는 미라들과는 달랐다. 황제의 미라는 이집트의 미라와 비슷하게 만들어졌다. 잉카인들은 죽은 황제의 장기들을 꺼내고, 대신 약초로 몸 속을 채웠다. 그런 다음 두 눈을 뺀 후(누가 이 일을 했는지 참 끔찍했겠다!) 조개껍질을 끼워 넣어 눈알처럼 보이게 만들었다.

그런 후 황제의 미라는 조심스레 안치되어 여러 시종들이 살뜰히 보살폈다. 이들은 꼬박꼬박 이 미라 왕족에게…
- 주기적으로 옷을 갈아 입혔다.
- 날마다 천을 깔고 황제가 좋아하던 음식을 차렸다.
- 특별 접대로… 신전에서 선택된 여자들 중에서 가장 아름다운 여자를 들여보냈다.

황제 미라가 된다는 건 결코 따분한 일이 아니었다. 행진에 참석하는 것은 물론이고, 조언을 구하러 온 왕족들을 맞이해야 했다. 대체로 황제의 삶은 죽어서도 정신없이 바쁘고 피곤했다.

갖가지 점들

잉카인들은 신들이 인간의 삶을 조종한다고 믿었다. 그러므로 무슨 일을 계획하면 먼저 신의 생각을 알아봐야 했다. 사제의 도움을 받으면 이런 일들도 가능했다.

● 범죄를 밝혀 낸다.
● 전투에서 어느 쪽이 이길 것인지 알아낸다.
● 아픈 사람을 위한 치료법을 찾아낸다.

신에게 이야기할 수 있는 가장 좋은 곳은 신탁소였다. 신은 이곳에 나타난다고 한다. 우아카차카 다리에 있는 신탁소는 꽤 괴상하게 생겼던 모양이다. 한 정복자가 이 신탁소에 관해서 이런 글을 남겼거든.

잉카인들이 신탁소에 대고 이야기하면 정령이 이들에게 대답해 주었다. (뚱뚱한 남자만큼 두꺼운 기둥이었다면 비쩍 마른 남자 사제가 안으로 들어갈 수 있지 않았을까? 그래서 사제가 사람들의 질문에 대답해 주었을지도 모른다. 그런 후 잉카인들이 자리를 뜨면 그들이 바친 제물을 먹었겠지.) 이런 행위가 매우 예술적이고 흥미롭게 들릴지도 모르겠다. 그러나 아니다. 에스파냐인들은 이런 신탁소들이 제물의 피로 더럽혀져 있다고 전했다. 종종 그것은 사람의 피였다.

그런데 미래를 알아보는 방법은 그것 외에도 또 있었다.

가짜 불점

사람들을 속일 수 있었던 것은 신탁소의 사제들만이 아니었다. 야카르카(Yacarca)라고 불리는 남자들은 불 속의 정령들과 이야기를 나누고 사람들의 질문에 대답해 주는 이들이었다. 이들은 기다란 관으로 바람을 불어 불을 활활 타오르게 만들었다. 그러면 불의 정령들이 속시원한 답을 원하는 사람들에게 '말'을 했다. 그러나 한 약삭빠른 정복자는 이 야카르카가 사실은 복화술사였음을 꿰뚫어 보았다. 그러니까 야카르카는 입술을 움직이지 않으면서 불의 정령인 척 말했던 것이다!

코카 점과 거미 점

미래를 예측하는 또 하나의 방법은 코카나무에서 따낸 잎들을 접시에 놓고, 그 모양을 보는 것이다. (오늘날 일부 사람들이 잔 속에 찻잎을 떨어뜨려 그 모양으로 미래를 점치는 것과 비슷하다.)

또한 아야우아스카(Ayahuasca)라는 강력한 마약 성분의 액체를 마시고 약에 취한 상태에서 꾸는 꿈을 통해 미래를 알아보는 방법도 있었다. 그러나 여러 가지 점들 가운데 가장 이상한 것은 바닥을 돌아다니는 거미를 보고 치는 점이다. 그 거미가 여러분이 알고 싶어하는 모든 것을 말해 준다나!

라마의 허파

거미 점 정도는 그리 이상할 것도 없다고? 그렇다면 이걸 해 보도록.

다시 말하지만 반드시 흰 라마의 허파라야 한다. 이웃집 고양이의 것으로는 어림도 없다.

이상한 징후들

고대 잉카에서 전해오는 이야기 중에는 언젠가 이방인들이 페루에 와서 잉카인들과 그들의 종교를 파괴할 것이라는 내용이 있다. 우아이나 황제는 그 얘기에 은근히 신경 쓰였다. 특히 1532년 신이 보낸 많은 '징후'들을 보았을 때는 걱정이 태산 같았다.

- 태양 축제 때 독수리 한 마리가 나타났다. 말똥가리 떼의 추격을 받던 그 독수리가 황제의 발치에 떨어졌다. 사제들이 정성껏 먹이를 주고 보살폈지만 독수리는 죽고 말았다. 그것은 무슨 뜻이었을까? 새들의 왕이 파멸할 수 있다면, 황제도 그럴 수 있지 않을까?

- 그 해에는 이상하게 지진이 자주 일어났다. 거대한 바위들이 산산조각 나고 산들이 무너지는가 하면 엄청난 파도가 해안을 삼켜 버렸다. 이건 또 무슨 뜻일까? 산이 무너질 수 있다면 황제도 그럴 수 있지 않을까?

- 무수한 별똥별들이 하늘을 날고 달 주변에는 빛의 고리가 세 개나 생겼다. 하나는 피처럼 빨갛고, 하나는 검은 녹색이며, 하나는 희뿌연 회색이었다. 물론 달은 황제의 어머니로 여겨지고 있었다. 이건 무슨 뜻일까? 한 사제는 황제에게 이렇게 설명했다.

폐하의 '어머니' 달 주변에 생긴 핏빛 붉은 고리는 폐하가 돌아가시면 백성들 사이에서 잔인한 전쟁이 일어나서 피가 강처럼 흘러 넘칠 거라는 뜻입니다. 검은 녹색 고리는 우리의 종교가 살아남지 못한다는 얘기죠. 모든 것은 연기 속에 사라질 것입니다, 세 번째 고리는 바로 그런 의미입니다!

3년 후 우아이나 황제는 죽었고 에스파냐인들은 새로운 종교를 가지고 왔다. 그 사제의 말이 현실로 된 것이다. 기가 막히지! (여러분은 그 예언자 사제가 지금도 살아 있었으면 하겠지? 그 사제는 당첨될 복권 번호도 알고 있을 테니까!)

그렇다면 잉카인들은 어떻게 하면 그 무시무시한 운명을 피할 수 있다고 생각했을까? 수많은 제사를 지내 신들을 계속 기쁘게 해 주는 것이었다. 우아이나가 죽었을 때 잉카인들은 4천 명이나 되는 사람들을 그와 함께 묻었다. (그러나 전혀 좋은 결과를 얻지 못했다.) 이 모두가 죽은 새 한 마리와 몇 번의 지진, 그리고 달의 고리 때문에 생긴 일이었다.

값비싼 화석

잉카 왕족 중에서 가장 중요한 사람은 누구였을까? 아빠? 아니. 엄마? 아니다. 그럼, 미라? 맞았다!

그 일가를 세운 고대 시조, 그러니까 여러분의 할아버지의 할아버지의… 맨 꼭대기 할아버지 같은 사람은 미라로 만들어져 대대로 전해졌으며 그가 그 가족에서 가장 중요한 구성원이었다. 실제로 다른 가족이 조상의 미라를 납치했다면 그걸 내세워서 몸값을 요구할 수도 있었다!

처음에 에스파냐인들은 잉카인들이 조상을 모시는 방법을 보고 충격을 받았다. 그 정복자들은 이 미라들을 어떻게 했을까?

a) 크리스트교식으로 묻어 주었다.
b) 미라를 태워 버렸다.
c) 미라들을 마네킹으로 사용했다.

정답 : b) 야러시즘을 정리 안 해서 이들은 이교도 물건이라고 판단하여 불태워 버리기로 결정했다.

훌륭한 신

잉카 황제들이 연이어 패배하게 되자, 잉카인들 사이에서는 의견이 분열되었다. 일부는 에스파냐인들에게 저항했고, 일부는 침략자들과 친구가 되었다. 잉카의 땅과 금, 그리고 종교를 놓고 싸우는 동안 잉카인이 잉카인을, 에스파냐인이 에스파냐인을 죽이는 사태가 벌어졌다.

에스파냐인들은 잉카인들에게 잉카의 신들과 미라를 섬기지 못하게 하면서 강제로 크리스트교의 신을 믿게 만들려고 애썼다. 이런 노력의 결과가 이제 나타나는가 싶을 때였다. 한 에스파냐 사제가 엄청난 사실을 발견했다. 그는 총독에게 이 충격적인 소식을 보고했는데, 아마 이런 내용이었을 것이다.

총독 각하

페루의 전 지역이 아주 위험한 상태에 빠져 있습니다. 저는 이곳 제 관할 교구에서 끔찍한 사실을 발견하게 되었습니다. 당장 도움을 보내 주십시오. 지원군을, 무기를 말입니다.

저는 그 동안 이 마을에 사는 원주민 남자들이 매일 밤마다 회합의 장소인 커다란 오두막집으로 사라진다는 것을 알고 있었습니다. 그들은 저를 들여보내려고 하지 않았습니다! 감히 나를! 그들의 사제를! 그러나 저는 그들이 모두 들어갈 때까지 기다렸다가 문에 귀를 대고 엿들었습니다.

먼저 그들은 기도를 시작하더군요. 옛날 잉카 신들에게 기도하고 있었습니다. 그것만으로는 성에 차지 않는지 그들의 지도자 중 한 사람이(그들은 지도자를 '쿠라카'라고 부릅니다.) 일어서서 좌중을 향해 소리를 지르기 시작했습니다. 그의 사악한 말은 지금도 제 귓가에 생생합니다.

'크리스트교인들은 하나의 신을 섬긴다고 한다. 그러나 우리에게는 훨씬 힘센 신들이 많다. 또한 우리에게는 우리를 보살펴 주시는 조상들이 수백 수천 명이나 된다. 조상들이 우리에게 말씀하셨다. 잉카 신들이 일어나 크리스트교 신을 파멸시킬 거라고! 에스파냐인들의 흔적을 모두 씻어 버릴 홍수를 내리신다고! 우리는 다시 시작할 수 있다. 에스파냐인들은 죽을 것이다. 그들을 따르는 잉카인들도 같은 운명을 맞을 것이다. 우리 잉카인들이 진정으로 살아남기를 원한다면 이제 크리스트교 신을 섬기지도 말며, 에스파냐인들에게 복종하지도 말아야 한다. 우리의 신들은 굶주리고 목말라 있다. 그 동안 잉카인들이 신들에게 치차 술과 제물을 바치지 않았기 때문이다. 우리는 다시 시작해야 한다!'

잉카인들은 신들이 산에서 내려와 그들의 몸 안으로 들어온다고 말합니다. 그렇게 해서 '신들린' 몇몇 사람들은 미친 듯 몸을 흔들고 떨다가 쓰러지거나 춤을 춥니다.

그 모임이 끝난 후 저는 마을 사람들 중에 마음이 약한 한 사람을 데려다 놓고 이렇게 말했죠. 만약 모든 것을 사실대로 말하지 않으면 불태워 죽이겠다고요. 이런 반란의 움직임은 페루 전체에 퍼져 있는 것 같습니다. 우리는 그들의 성소를 파괴하고 그 미라들을 불태워 버려야 합니다. 그렇지 않으면 우리 모두 죽을 것입니다. 신의 이름으로, 원군을 보내 주십시오! 빨리 도와 주십시오!

1564년 6월 21일.

당신의 충직한 종, 루이스 데 올리베라 신부

에스파냐인들은 진상 조사반을 보냈고 빠른 속도로 반란의 기운이 번지고 있음을 밝혀 냈다. 이들은 3년이란 기간 동안 눈에 띄는 성소(우아카)들을 모두 파괴해 버렸다. 또한 8천 명의 잉카 저항군들을 학살했다. 결국 반란은 실패로 끝났다. 잉카의 미라들은 후손의 기대를 저 버렸던 것이다!

사제의 흔적을 정화시키는 법

잉카인들은 에스파냐 크리스트교인들에게 드러내 놓고 저항하는 게 어렵다는 사실을 깨달았다. 잉카 반군들은 비밀스럽게 계속 일을 추진했다. 그들은 에스파냐 사제들이 타우안틴수유의 땅을 걸어다니면서 땅을 더럽혔다고 생각했다. 그래서 사제들이 떠나 버리면 길을 깨끗이 하기 위해서 전통적인 끔찍한 방법을 사용했는데…….

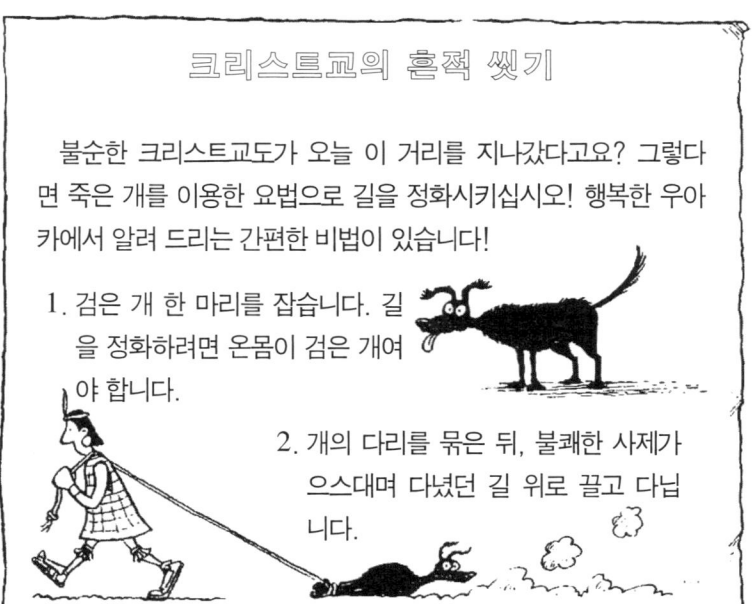

크리스트교의 흔적 씻기

불순한 크리스트교도가 오늘 이 거리를 지나갔다고요? 그렇다면 죽은 개를 이용한 요법으로 길을 정화시키십시오! 행복한 우아카에서 알려 드리는 간편한 비법이 있습니다!

1. 검은 개 한 마리를 잡습니다. 길을 정화하려면 온몸이 검은 개여야 합니다.

2. 개의 다리를 묶은 뒤, 불쾌한 사제가 으스대며 다녔던 길 위로 끌고 다닙니다.

5. 이제 여러분의 거리는 걸어다녀도 될 만큼 깨끗하고 안전합니다.

절대 집에서는 따라하지 말 것!

죽은 개를 강물에 빠뜨리면 물이 오염되고 물고기가 죽을 뿐만 아니라 마실 물도 더러워지기 때문이다.

1613년 카톨릭 교회에 저항한 반란이 일어났으나 에스파냐인들에게 무참히 진압되고 주동자들은 체포되었다. 이들 잉카 지도자들은 너무 좌절한 나머지 크리스트교가 되느니 차라리 독을 마시는 걸 택했다.

한편 잉카의 한 마을에서는 지도자(쿠라카)가 주민들을 제대로 도와 주지 못하자, 주민들이 그를 독살해 버렸다. 그러나 이런 항거는 보기 드문 일이었다. 대부분의 잉카인들은 크리스트교로 개종한 것처럼 보였으나, 한편으로는 잉카의 신들도 계속 섬겼다.

무서운 이야기들

혹시 여러분한테 정말로 얄미운 남동생이나 여동생이 있는지? 그렇다면 잠자기 전에 이런 멋진 이야기를 들려 주길 권한다. 더불어 이 무서운 이야기는 페루의 이야기라고 말해 줄 것. 에스파냐인들은 종교뿐 아니라 미신까지 페루로 가져갔다. 그 중에는 고양이를 굉장히 두려워하는 미신이 있다. 고양이를 마법과 마술이 섞인 존재로 여겼던 것이다.

꼬마 여러분, 편안한 기분인지? 그렇다면 이야기를 시작하겠다.

옛날 옛날에, 페루라는 나라에 호세라는 여섯 살짜리 소년이 살았습니다. 그런데 호세에게는 성미 고약하고 못된 마누엘 할아버지가 있었지요. 그 할아버지는 마을의 술집에서 독한 포도주를 많이 마셨어요. 하지만 아무리 마셔도 할아버지의 기분은 좋아지지 않았답니다! 오히려 술을 마시면 화를 더 내게 되어 도저히 상대할 수 없을 정도였어요. (할아버지는 발 냄새도 몹시 고약했지만 여기선 별로 중요하지 않으니까 이 얘기는 이쯤 해 두죠.)

어느 날 밤이었어요. 할아버지는 비틀거리며 술집에서 나왔는데 굉장히 화가 나 있었어요.

"울화가 치밀어 못살겠다!" 할아버지가 소리쳤어요.

"왜, 왜, 왜요?" 호세가 물었어요.

마누엘 할아버지는 무척 기분이 나쁜 듯 못생긴 얼굴을 잔뜩 찡그렸어요. 마치 누군가 할아버지의 냄새 나는 발에 코를 들이댄 것처럼 말이죠.

"바보 같은 소리는 하지도 마라!" 할아버지가 호통쳤어요.

"아아! 내 가슴이야!" 갑자기 할아버지가 숨을 헐떡거렸어요. 그리고 할아버지의 두 눈이 튀어나오고 무릎이 푹 꺾이는 게 아니겠어요. 할아버지의 혀는 부어 올랐고 발에선 냄새가 났어요. 할아버지는 고꾸라지면서 얼굴을 바닥에 박고 죽었지 뭐예요!

"오! 세상에 이런 일이!"

마을 사람들은 거리에서 웅성거리며 슬퍼했어요.

그러나 마을 사람들은 집으로 돌아가 혼자만 있게 되자 만세를 불렀어요.

　그렇게 기뻐하던 중에 사람들은 할아버지가 죽기 전에 써둔 이상한 유서의 내용을 듣게 되었어요. 콘수엘라 할머니가 어린 호세에게 그 유서를 읽어 주었죠.(호세는 아직 어려서 글을 못 읽거든요.)

> 나, 마누엘이 명령한다. 내가 죽으면 반드시 다음 지시를 따르라.
> 1. 장례식은 자정에 치를 것.
> 2. 관 뚜껑을 닫지 말고 열어 둘 것.
> 3. 장례식에 참석할 사람들이 모두 앉을 수 있도록 많은 의자를 준비할 것.
> 4. 내 시체는 절대 교회에 가져가지 말고 장례식에는 사제가 참석하지 못하게 할 것.

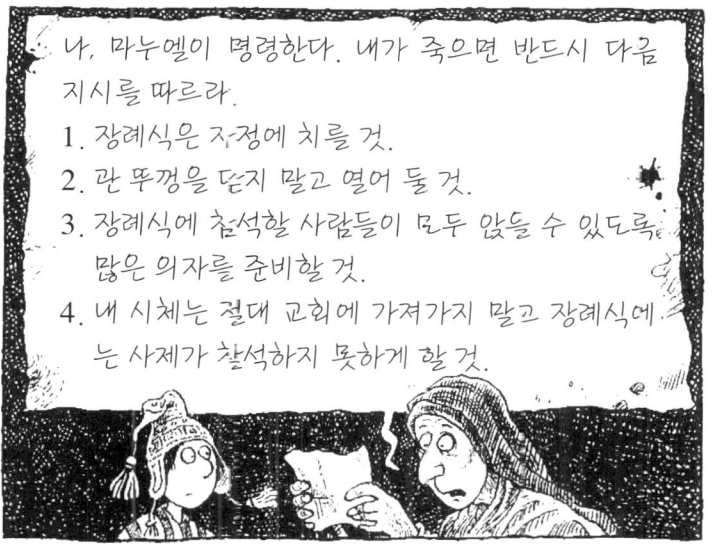

할머니는 부들부들 몸을 떨었고 호세는 소름이 끼쳤어요.
"이 유서에서 지옥의 불 냄새가 나는 것 같구나!"
할머니가 비통해 했어요.
"저는 할아버지 발 냄새인 줄 알았어요."
손자가 한숨을 내쉬었어요.

　그 악마의 냄새는 관이 놓여 있는 방안을 가득 채웠어요. 죽은 할아버지를 보러 온 사람은 아무도 없었죠. 누가 사람들을 탓할 수 있겠어요?

　자정이 되자 멀리서 교회 종소리가 들려 왔어요. 소름끼치는 적막 속에서 검은 고양이 한 마리가 슬그머니 방으로 들어왔어요. 지옥의 석탄처럼 새빨간 눈을 한 고양이였어요. 그 뒤를 이어 두 번째 고양이가 들어오고 다시 세 번째 고양이가 들어왔어요. 곧 방안에 있는 의자들마다 모두 빨간 눈의 검은 고양이들로 가득하게 되었죠.

콘수엘라 할머니가 속삭였어요. "검은 고양이들은 악마가 보낸 사자란다!"

"왜 보냈을까요?" 호세가 물었어요.

"죽은 자의 영혼을 가져가려고 그런 거지!"

할머니는 쉰 목소리로 대답했어요.

"할아버지 혼을요? 살아 계실 때 혼을 많이 내서요? 혼을 많이 내면 죽어서 혼을 빼앗기나요?" 소년이 물었어요.

할머니가 대답하려는데 고양이 한 마리가 구슬피 울기 시작했어요. 곧 이어 방안의 고양이들이 함께 우는데, 마치 바이올린 레슨 시간처럼 소름끼치는 소리였답니다.

촛불이 흔들거리더니 관 속에서 끼익 소리가 나지막이 들렸어요. 마누엘 할아버지가 일어나 앉았어요. 할아버지의 눈은 생기가 없었는데 시체가 움직이는 게 아니겠어요. 맨 먼저 냄새나는 발 한 쪽이, 이어서 다른 발 한 쪽이 관 위로 흔들거리더니 곧 이어 할아버지 시체가 뻣뻣한 다리로 일어섰어요.

이제 검은 고양이들이 꼬리를 높이 치켜 세우고 차례로 방에서 나갔어요. 시체도 고양이 뒤를 따라 뒤뚱거리며 걸어나갔고요.

"마누엘 할아버지가 어디로 가는 거죠?" 호세가 물었어요.

콘수엘라 할머니는 손가락 마디마디를 씹으면서 우물거렸어요.

"할아버지는 살아 계실 때 사악했으니 죽어서도 평화를 누리지 못하는 게다. 벌을 받으신 게지. 악마가 할아버지를 저주받은 자로 만들었어. 이제 할아버지는 영원히 지상을 떠돌아야 해, 잠도 못 자고 쉬지도 못 하고!"

"저런! 정말 끔찍하군요." 호세가 한숨을 쉬었어요.

콘수엘라 할머니는 비쩍 마른 손으로 소년을 쿡 찔렀어요.

"만약 네가 형이나 누나를 골리거나 못된 짓을 한다면 너도 저렇게 된단다! 검은 고양이들이 널 잡으러 올걸!"

여러분이 얄미운 동생들한테 이 이야기를 들려 준다면 동생들은 에스파냐 문화가 뿌리내린 페루에서 중요한 교훈 하나를 배우게 될 것이다. 앞으로 동생들이 여러분을 화나게 만들 때는 이렇게 말만 하면 된다.

"저기 있는 게 검은 고양이 아니니?"

알쏭달쏭 잉카 퀴즈

잉카인들이 여러분을 본다면 이렇게 생각할 것이다.

"세상에! 21세기를 사는 사람들은 참으로 이상하군! '자동차'라고 불리는 기계 하나를 가지고 사람을 죽일 수 있다니! 아이들은 '컴퓨터'라고 하는 이상한 기계로 그림을 움직이며 놀고, 그걸로 수백 명의 사람들을 죽이는 법도 배우고 말이지! 게다가 맛있는 고기를 곤죽으로 만들어 말똥구리 똥처럼 빚어낸 '버거'라고 하는 걸 먹다니!"

잉카인의 생활 모습에는 이상한 점이 하나도 없다. 단지 여러분이 보기에 좀 이상할 뿐이지. 자, 이제 전혀 이상할 게 없는 잉카의 퀴즈를 풀어 보도록 하자.

1. 잉카인들은 죽은 왕들을 행복하게 해 주길 좋아했다. 그럼 어떻게 해 주었을까?

　a) 이들에게 치차 술을 실컷 먹여서 술꾼이 되게 했다.
　b) 최근에 나온 책들을 계속 무덤 안에 넣어 주어서 사상가가 되게 했다.
　c) 매주마다 왕의 시체에 신발을 갈아 신겼다. 미라들이 무덤 안에만 갇힌 신세를 면하고 싶어했으므로.

2. 오늘날에는 잉카 제국에 살았던 사람들을 통틀어서 '잉카인'이라고 부른다. 그러나 당시 '잉카'란 누구를 부를 때 쓰던 말이었을까?

   a) 남자들만(여자들은 중요하지 않았으니까)
   b) 쿠스코 사람들만(피정복의 주민들은 중요하지 않았으니까)
   c) 왕족들만(나머지 사람들은 중요하지 않았으니까)

3. 파차쿠티가 다스리던 잉카 제국은 동쪽으로는 아마존의 밀림에서부터 서쪽으로는 거의 태평양까지 뻗어 있었다. 그런데 잉카인들은 왜 서쪽 태평양 해안에는 정착하지 않았을까?

   a) 그 지역에 비가 너무 많이 와서
   b) 그 지역이 너무 건조했기 때문에
   c) 바다 괴물들이 덤벼들어 잡아먹힐까 봐 겁이 나서

4. 잉카 황제들은 '폰초'(Poncho)라는 외투를 딱 한 번씩만 입었다. 왕이 하루 입고서 벗어놓은 이 폰초들을 어떻게 했을까?

   a) 가난한 사람들이 따뜻하게 지닐 수 있도록 나눠 주었다.
   b) 신에게 제물로 바쳤다.
   c) 특별한 폰초 궁전에 보관되었다.

5. 대부분의 잉카 제국의 지역과 마찬가지로 쿠스코는 해발 4천 미터에 자리잡고 있었다. 이런 고지에는 공기가 희박해서 사람들이 숨쉬기가 힘들었다. 그럼 잉카인들은 어떻게 견디었을까?

   a) 잉카인들의 심장은 아주 크고 튼튼해서 충분히 펌프질할 수 있었다.

   b) 잉카인들은 코와 입이 커서, 다른 사람들보다 더 많은 공기를 들이마실 수 있었다.

   c) 잠수용 수중 호흡기 같은 커다란 공기 주머니(라마 가죽으로 만든)를 가지고 있어서, 날마다 저지대로 내려가 주머니 가득 산소를 채워 집으로 가져왔다.

6. 잉카 남자들은 어떤 방법으로 수염을 깎았을까?

   a) 구레나룻에 꿀을 듬뿍 발라서 개미집 속에 얼굴을 들이민다. 개미들이 꿀을 먹으면서 수염까지 갉아먹었다. (아주 참신한 아이디어다!)

   b) 날카로운 조개껍질로 만든 면도날로 수염을 밀었다. (이것도 좋은 아이디어다.)

   c) 청동 족집게로 하나씩 수염을 뽑아냈다. (단단히 마음 먹어야 했겠는걸!)

7. 잉카인들은 적을 죽인 뒤 시체의 가죽을 가지고 무엇을 했을까?

   a) 북을 만든다. 그럼 적은 두 배로 패배할 것이다! (둥! 둥!)

   b) 집으로 가는 동안 먹을 샌드위치를 포장한다.

   c) 빛이 통과할 만큼 아주 얇게 벗겨 내어 집 창문에 바른다.

8. 잉카의 한 공주는 사냥을 떠났다가 사고로 죽었다. 그녀를 절절히 사랑하던 연인 일리 유판키는 죽은 공주를 안데스 산맥 고지대에 있는 잉카 호수에 묻었다. 그녀의 시체가 풍덩 물에 빠지자 호수 색깔이 바뀌었다고 하는데 지금도 그 호수는 그 색을 띠고 있다. 무슨 색일까?

  a) 붉은 색, 공주의 피 때문에
  b) 녹색, 공주의 녹색 눈 때문에
  c) 금색, 공주와 함께 묻힌 보물들 때문에

9. 에스파냐 정복자들이 맨 처음 잉카인들을 만났을 때, 이들에게 붙여 준 별명이 무엇이었을까?

  a) 큰 귀
  b) 얼간이
  c) 터벅 선생

10. 한 정복자는 말을 타고 아타우알파 황제 앞으로 달려 가다가 말이 황제를 짓밟기 직전에 멈추었다. 이것은 에스파냐인들이 얼마나 막강한지를 보여 주자는 목적의 행동이었다. 그러나 아타우알파는 눈썹 하나 꿈쩍하지 않았다. 하지만 그의 전사들

중 몇몇은 겁을 먹었다. 아타우알파는 황제를 보호해야 할 본분을 잊고 두려워했던 전사들에게 어떤 보상을 내렸을까?

　a) 그렇게 충성한 대가로 각자의 몸무게만큼의 금을 내렸었다.
　b) 비겁함에 대한 대가로 고통스러운 죽음을 맞게 했다.
　c) 라마 한 마리를 주어 그 에스파냐인이 부렸던 것과 같은 깜짝 묘기를 연습시켰다.

정답 :

1. a) 잉카의 왕들은 일부 농민들에게 여분의 곡식으로 치차 술을 만들게 했다. 그리고 이 술을 죽은 왕의 미라 입안에 넣었다. 그 결과 미라들은 취하다 못해 술에 절었다.

2. c) 잉카 시대에는 오직 왕족들만 '잉카'라고 불렸다. 쿠스코의 군주는 '왕'을 뜻하는 '사파' 잉카라는 칭호를 가지고 있었다. 왕족들 가운데 순수 잉카 혈통은 결코 1,800명을 넘지 않았다. 그러나 왕족의 수가 모자라 지배하는 데에 어려움이 있을 때는 믿을 만

한 외부인을 입양할 수 있었다. 이 입양된 잉카 왕족들은 '아우아'(Hahua) 잉카라고 불렸다.

3. b) 태평양 연안은 건조해서 곡식을 키우는 데 적합하지 않았다. 그 곳의 사람들은 비가 퍼붓는 것을 평생 한두 번 볼까 말까 한다는 이야기가 있다! 만약 잉카인들이 진짜 욕심을 냈다면 아마 그 곳을 정복할 수 있었을 것이다.

4. b) 폰초는 신전으로 운반되어 신에게 바치는 제물로 태워졌다. 아버지의 냄새 나는 양말로 이렇게 해 보고 싶은 사람도 있을걸.

5. a) 잉카인들의 심장은 일반인의 심장보다 60퍼센트 더 많은 피를 온몸에 공급할 수 있었다. 피는 산소를 필요로 하는 뇌와 근육에 산소를 실어다 준다. 공기는 희박했지만 잉카인들은 더 많은 공기를 활용했던 것이다.((c)라고 답한 사람은 바보 고깔 모자를 쓰고 1학년을 다시 다닐 것.) 잉카인들은 추운 기후에서도 잘 살아 나갔던 것으로 보인다. 바르나베 코보스(Barnabe Cobos)라는 한 에스파냐 수사의 말을 들어 보자.

> 잉카인들이 몹시 추운 날씨에도 체온이 따뜻한 것을 보고 놀랐다. 그들은 한 뼘 높이로 쌓인 눈 위에서도 잠을 잘 수 있다. 눈이 마치 깃털 침대인 양 그 위에 눕는 것이다. 내가 생각하기에는 그들의 배가 타조 배만큼 튼튼하기 때문인 것 같다!

6. c) 잉카의 남자들은 청동 족집게로 수염을 뽑았다. 그들에게는 이 족집게가 아주 귀중한 물건이어서 주인이 죽으면 같이 묻어 주었다. 이건 아주 괜찮은 생각이었는데, 틀림없이 효과도 있었던 것 같다. 수염 난 잉카 미라는 단 한 구도 없는 걸 보니!

7. a) 잉카인들은 죽은 적의 살가죽으로 만든 북과 탬버린을 치면서 전투에 나갔다.

8. b) 호수는 녹색을 띠고 있는데 그 공주의 눈동자와 같은 색이라고 한다. (아직까지는 그 공주의 눈동자가 진짜로 녹색이었는지는 시체를 확인해 본 사람이 없어서 모르겠다. 아마도 물고기들이 이미 다 먹어 치웠을 것이다.) 그러나 지금도 겨울밤이 되면 공주의 연인이 구슬피 우는 소리가 들려 온다고 한다. (차라리 어떤 여행객이 울부짖는 소리라고 해야 더 그럴 듯할 것이다. "신이시여, 여기는 정말 춥습니다! 내복을 입고 왔으면 좋았을 것을!")

9. a) 에스파냐인들은 잉카인들을 '큰 귀'라고 불렀다. 잉카인들이 귓불을 늘여서 커다란 장식을 달고 다녔기 때문이다.

10. b) 아타우알파의 군사들이 얼마나 엄격하게 훈련되었는지 잘 보여 주는 예다. 이들은 항상 시킨 대로 행동했다. 그래서 아타우알파가 정복자들을 해치지 말라고 명령했을 때에도 그렇게 했다. 이들은 정복자들이 자신들을 학살할 때에도 맞서 싸우지 않았던 것이다! 아타우알파는 자신의 무자비한 통치에 결국 제 발등이 찍힌 것이다.

잉카인들을 기억하며

잉카의 황제들이 너그러운 통치자였다고 말하는 사람은 아무도 없다. 그러나 잉카인들은 자신들의 황제보다 에스파냐 정복자들에게 훨씬 더 그리고 아주 심하게 고통받았다.

잉카의 생활 방식 중에는 아주 멋진 것들이 많다. 그들은 모든 사람이 힘을 다해 다른 이들을 도와야 한다고 말했다. 통치자는 이런 일들이 이루어지도록 보장해 주려고 노력했다. 오늘날에도 그렇게 된다면 얼마나 살기 좋을까!

잉카인들은 또 손임수 같은 생각들도 많이 가지고 있었다. 그들은 에스파냐 정복자들처럼 천국과 지옥을 믿었지만 그것과는 약간 달랐다. 천국은 곧 태양으로, 착한 사람들이 따듯함과 식량을 찾아서 가는 곳이었다. 지옥은 지구 내부에 있는 곳으로, 나쁜 사람들은 지옥에서 추위와 굶주림에 시달렸다. 그러므로 너무 어려서 악을 모르는 어린이들은 천국에 가서 행복하게 산다고 믿었다. 그러므로 어린아이들을 제물로 바쳐 생매장시켰던 것은 그 어린이를 위한 행동이었다!

그러나 이들이 살았던 세계는 모진 땅이었다. 지진과 산사태가 일어나 몇 년씩 걸려가며 지었던 건물들이 모두 파괴될 때도 있었고, 불과 몇 킬로미터를 걸어가는 데 며칠씩 걸리기도 했다. 오직 태양의 따스함과 온화함에 삶을 의존해야 하는 곳이었다. 그곳은 잔인한 세계였으므로. 그곳의 사람들이 잔인할 수 있다는 게 놀랄 일이 아니다.

파차쿠티는 역사상 가장 위대했던 아메리카 원주민 가운데 한 사람으로 꼽힌다. 그는 누워서 죽음을 기다리며 자신의 운명에 관해 차분하게 시 한 편을 읊었다.

　그라면 잉카 이전에 안데스 산맥에 살았던 부족들에 관해 글을 쓸 수 있었을 것이다. 그라면 잉카 제국에 관한 기록을 남길 수 있었을 것이다. 그라면 정복자들에 대해 글을 쓸 수 있었을 것이다.
　침략자들의 침입에서 살아남은 한 잉카인은 원망스러운 마음으로 잉카인들의 운명에 관해 시를 지어 신들에게 바쳤다.

그 모든 남자들, 여자들, 어린이들과 라마들이 이 신들을 위해 희생되었다. 잉카인들이 그 보답으로 신에게 요구했던 것은 자신들을 보호하고 보살펴 달라는 것뿐이었다.
 하지만 신들은 그들의 기대를 저버리고 말았던 것이다!

앗, 시리즈 (전 70권)

앗, 이렇게 재미있는 수학이!
어렵고 지루했던 수학이 순식간에 쉽고 즐거워집니다.
수학의 기초 원리에서부터 응용까지, 다양한 정보와
교양을 골라서 일목요연하게 정리해 줍니다.

01 수학이 모두 모여 수군수군
02 수학이 수리수리 마술이
03 수학이 수군수군
04 수학이 또 수군수군
05 수학이 자꾸 수군수군 1. 셈
06 수학이 자꾸 수군수군 2. 분수
07 수학이 자꾸 수군수군 3. 확률
08 수학이 자꾸 수군수군 4. 측정
09 대수와 방정맞은 방정식
10 도형이 도리도리
11 섬뜩섬뜩 삼각법
12 이상야릇 수의 세계
13 수학 공식이 꼬물꼬물
14 수학이 꿈틀꿈틀

앗, 시리즈 (전 70권)

앗, 이렇게 재미있는 과학이!

어렵고 지루했던 과학이 순식간에 쉽고 즐거워집니다.
복잡한 현대 과학의 기초 원리에서부터 응용까지
다루고 있으며, 다양한 정보와 교양을 골라서
일목요연하게 정리해 줍니다.

15 물리가 물렁물렁
16 화학에 화끈화끈
17 우주가 우왕좌왕
18 구석구석 인체 탐험
19 식물이 시끌시끌
20 벌레가 벌렁벌렁
21 동물이 뒹굴뒹굴
22 화산이 왈칵왈칵
23 소리가 슥삭슥삭
24 진화가 진짜진짜
25 꼬르륵 뱃속여행
26 두뇌가 뒤죽박죽
27 번들번들 빛나리
28 전기가 찌릿찌릿
29 과학자는 괴로워?
30 공룡이 용용 죽겠지
31 질병이 지끈지끈
32 지진이 우르릉쾅쾅
33 오싹오싹 무서운 독
34 에너지가 불끈불끈
35 태양계가 티격태격
36 튼튼탄탄 내 몸 관리
37 똑딱똑딱 시간 여행
38 미생물이 미끌미끌
39 의학이 으악으악
40 노발대발 야생동물
41 뜨끈뜨끈 지구 온난화
42 생각번뜩 아인슈타인
43 과학 천재 아이작 뉴턴
44 소름 돋는 과학 퀴즈

이거 상당히 놀줄 만한 이들인데!

앗, 시리즈 (전 70권)

앗, 이렇게 재미있는 사회·역사가!

어렵고 지루했던 사회·역사가 순식간에 쉽고 즐거워집니다. 사회·역사와 담을 쌓았던 친구들에게 생생한 학습 의욕을 불어넣어 줄, 꼭 필요한 정보와 교양만을 골라서 일목요연하게 정리해 줍니다.

- 45 바다가 바글바글
- 46 강물이 꾸물꾸물
- 47 폭풍이 푸하푸하
- 48 사막이 바싹바싹
- 49 높은 산이 아찔아찔
- 50 호수가 넘실넘실
- 51 오들오들 남극북극
- 52 우글우글 열대우림
- 53 올록볼록 올림픽
- 54 와글와글 월드컵
- 55 파고 파헤치는 고고학
- 56 이왕이면 이집트
- 57 그럴싸한 그리스
- 58 모든 길은 로마로
- 59 아슬아슬 아스텍
- 60 잉카가 이크이크
- 61 들썩들썩 석기 시대
- 62 어두컴컴 중세 시대
- 63 쿵쿵쾅쾅 제1차 세계 대전
- 64 쾅쾅탕탕 제2차 세계 대전
- 65 야심만만 알렉산더
- 66 위풍당당 엘리자베스 1세
- 67 위엄가득 빅토리아 여왕
- 68 비밀의 왕 투탕카멘
- 69 최강 여왕 클레오파트라
- 70 만능 천재 레오나르도 다 빈치